Podpora FinTechových inovací v České republice

MOŽNOSTI NASTAVENÍ REGULATORNÍHO SANDBOXU

OECD
BETTER POLICIES FOR BETTER LIVES

Za zveřejnění tohoto dokumentu odpovídá generální tajemník OECD. Názory a argumenty, které jsou v něm uvedeny, nemusejí nutně odrážet oficiální postoje členských zemí OECD.

Tento dokument byl vypracován s finanční pomocí Evropské unie. Názory zde vyjádřené nelze v žádném případě považovat za oficiální stanovisko Evropské unie.

Tento dokument ani žádná v něm uvedená data a mapy se nedotýkají statusu ani svrchovanosti jakéhokoli území, vymezení mezinárodních hranic ani názvu jakéhokoli území, města nebo oblasti.

Statistická data pro stát Izrael poskytly na svou odpovědnost příslušné izraelské úřady. Použitím těchto údajů ze strany OECD není dotčen status Golanských výšin, východního Jeruzaléma ani izraelských osad na Západním břehu Jordánu podle mezinárodního práva.

Poznámka Turecké republiky
Informace uvedené v tomto dokumentu odkazující na „Kypr“ se vztahují na jižní část ostrova. Na ostrově není žádný jednotný orgán, který by zastupoval zároveň kyperské Turky a kyperské Řeky. Turecko uznává Severokyperskou tureckou republiku (SKTR). Turecko zachová svůj postoj k tzv. kyperské otázce, dokud nebude nalezeno trvalé a spravedlivé řešení v rámci OSN.

Poznámka všech členských států Evropské unie, které jsou členy OECD a EU
Kyperskou republiku uznávají všechny členské státy OSN s výjimkou Turecka. Informace uvedené v tomto dokumentu se týkají oblasti, která je skutečně spravována vládou Kyperské republiky.

V citacích tuto publikaci uvádějte následovně:
OECD (2023), *Podpora FinTechových inovací v České republice: Možnosti nastavení regulatorního sandboxu*, OECD Publishing, Paris, https://doi.org/10.1787/45da1c37-cs.

ISBN 978-92-64-45019-6 (tištěná verze)
ISBN 978-92-64-85779-7 (PDF)
ISBN 978-92-64-63174-8 (HTML)
ISBN 978-92-64-87948-5 (epub)

Původní název: OECD (2023), *Supporting FinTech Innovation in the Czech Republic: Regulatory Sandbox Design Considerations*, OECD Publishing, Paris, https://doi.org/10.1787/081a005c-en.
Tento překlad zadala OECD. Jediné oficiální verze jsou anglická anebo francouzská znění.

Fotografie: Obálka © monsitj/Getty Images.

Opravy publikací lze nalézt online na adrese: www.oecd.org/about/publishing/corrigenda.htm.

Předmluva

Inovace v oblasti finančních technologií mají potenciál zvýšit produktivitu, posílit hospodářský růst a podpořit inovace, které podněcují tvorbu pracovních míst a zlepšují kvalitu a rozmanitost finančních služeb. Mohou podpořit finanční začlenění částí obyvatelstva s nedostatečnou dostupností služeb nebo s nedostatkem prostředků, jako jsou malé a střední podniky bez zajištění či předchozí úvěrové historie nebo občané v odlehlých oblastech země. Jádrem finančních FinTechových aplikací jsou data. Poskytování mnoha takových služeb je umožněno finančními inovacemi, kde je využití dat základním kamenem. Podpora inovací v oblasti finančních technologií může posílit hospodářskou soutěž na trhu a zároveň umožnit pronikání na mezinárodní trhy.

Inovativní povaha FinTechových řešení vede k tomu, že účastníci trhu i regulační orgány a orgány dohledu vnímají nejistotu, pokud jde o existenci nebo použitelnost příslušných regulačních/dohledových rámců. Tato nejistota brání plnému využití přínosů finančních inovací. To zdůrazňuje přínos regulatorních sandboxů pro celé FinTechové prostředí. V tomto ohledu mají zásadní význam sandboxy a další opatření usnadňující inovace, neboť umožňují testování inovací v malém měřítku v kontrolovaném prostředí pod dohledem příslušných orgánů a zapojení do konstruktivního dialogu s orgány dohledu a regulačními orgány.

V této souvislosti byl v květnu 2022 zahájen projekt technické podpory, který financuje Evropská unie prostřednictvím Nástroje pro technickou podporu ve spolupráci s Generálním ředitelstvím Evropské komise pro podporu strukturálních reforem (GŘ REFORM), a to spolu s Organizací pro hospodářskou spolupráci a rozvoj (OECD) jako určeným prováděcím partnerem. Projekt spadá do oblasti administrativní a regulační reformy a snaží se uvolnit potenciál FinTechových aplikací a využití dat ve finančních službách v České republice. Jeho cílem je také prozkoumat případné zřízení sandboxu v zemi, což by mohlo vést k FinTechovým inovacím na základě sdílení a využívání dat. Rozvoj FinTechového sandboxu představuje milník digitálního pilíře českého Národního plánu obnovy, který se zaměřuje na digitální technologie a jehož cílem je vytváření sandboxů v regulovaných odvětvích v souladu s prioritami EU. Jeho úspěšné dokončení bude mít značný význam z politického, hospodářského a sociálního hlediska a přispěje k hlavním prioritám EU – ekologické a digitální transformaci.

Tato zpráva shrnuje hlavní zjištění jednotlivých výstupů předkládaných Komisi po celou dobu trvání projektu a poskytuje doporučení k návrhu proveditelného regulatorního sandboxu pro FinTechové společnosti v České republice. Hlavní zjištění vycházejí z analýzy FinTechového trhu v České republice a zahrnují přehled místního FinTechového prostředí, regulačního a dohledového rámce, který jej podporuje, stávajících překážek rozvoje finančních technologií a příležitostí pro české tvůrce politik k řešení identifikovaných problémů. Hlavní zjištění podporují následná doporučení ohledně návrhu proveditelného českého regulatorního sandboxu předložená ve zprávě. Doporučení byla vypracována v úzké spolupráci s českými a evropskými orgány a čerpají z minulých zkušeností s modely sandboxů v jurisdikcích, kde byly zavedeny (v členských zemích OECD a mimo OECD se zaměřením na země Evropské unie).

České FinTechové odvětví je vznikajícím trhem s více než sty regulovanými i neregulovanými společnostmi v roce 2022. Tyto společnosti působí v oblastech, jako jsou účetnictví, platby, spoření a osobní finance, přímé úvěrování (P2P) a investiční crowdfunding, jakož i služby v oblasti kryptoaktiv. Velká část inovací v České republice je řízena zahraničními společnostmi a je závislá na externím financování. České FinTechové společnosti působí na trhu, který je silně ovládán bankami s nedostatečně rozvinutými kapitálovými trhy, a čelí konkurenci tradičních českých poskytovatelů finančních služeb, kteří se také věnují digitalizaci a inovacím. Ačkoli česká populace digitalizaci přijímá rychle, jsou čeští spotřebitelé konzervativní, pokud jde o investice a půjčky, a drží velmi málo finančních aktiv mimo bankovní systém.

Analýza mezer a bariér v českém prostředí finančních technologií naznačuje, že současný dialog mezi českými orgány a FinTechovými společnostmi působícími v zemi není optimální. Tento závěr je podpořen zjištěními z dotazníku OECD, který byl rozeslán mezi FinTechové společnosti. Uvádí se, že v odvětví poskytovatelů platebních služeb, které je významným odvětvím činnosti mezi místními FinTechovými společnostmi, převažují dlouhé čekací lhůty při vyřizování žádostí, zatímco české orgány uvádí nízkou kvalitu žádostí v tomto odvětví. Nedostatek komunikačních kanálů mezi českými orgány a FinTechovými společnostmi představuje překážku růstu vznikajícího místního FinTechového odvětví, které se rovněž potýká s dalšími omezeními souvisejícími s přístupem k financování, nedostatkem odborníků v oblasti IKT na obou stranách trhu (v českých orgánech i v soukromém sektoru) a nedostatečně rozvinutým domácím prostředím na podporu rozvoje finančních technologií (včetně akciových trhů pro tyto rizikové investice). FinTechové společnosti jsou oproti zavedeným bankám v nevýhodě, pokud jde o přístup k datům. Základem obchodního modelu významné části FinTechových společností je přístup k údajům o zákaznících bank a iniciování plateb prostřednictvím rozhraní pro programování aplikací (API), které jsou zpřístupněny podle směrnice EU o platebních službách na vnitřním trhu 2 (PSD2). Tyto společnosti však upozornily na technické a provozní problémy, které jim brání v přímém připojení k rozhraní API bank, a to navzdory existenci průmyslového standardu pro API (Český standard pro Open Banking). Implementace tohoto standardu je dobrovolná a její skutečné využívání zavedenými bankami zůstává nejasné. FinTechové společnosti se proto pro přístup k údajům často uchylují k nákladnějším řešením služeb agregátorů dat.

Na základě analýzy českého FinTechového prostředí, včetně regulačních a dohledových postupů a obchodních/tržních podmínek, a srovnání stávajícího rámce s osvědčenými postupy pozorovanými v mnoha zemích OECD dochází tato zpráva k závěru, že zřízení zprostředkovatele inovací by mohlo být jedním z možných způsobů, jak zmírnit některé překážky rozvoje finančních technologií v České republice. Doporučení se zabývají překážkami růstu finančních technologií souvisejícími s dohledem a regulací, které byly identifikovány v předchozích zprávách vypracovaných v rámci tohoto projektu. Rovněž se doporučuje, aby tento regulatorní sandbox mohl v proveditelném rozsahu umožňovat sdílení údajů, pokud to podmínky dovolí. Také by bylo možné uvažovat o datovém sandboxu *bez regulatorní složky*, který by mohl být zajišťován externě anebo existovat mimo české orgány, i když i v tomto případě by se české orgány musely účastnit *mimo jiné* prostřednictvím poskytování údajů.

Zpráva neobsahuje žádnou analýzu dopadů místního právního rámce České republiky (např. ustanovení správního práva a dopady veřejného práva na implementaci). Takové právní poradenství mohou české orgány získat od příslušných stran, pokud takové posouzení vyžadují.

Strategie Evropské komise v oblasti digitálních financí zdůrazňuje, že „podniky by měly mít možnost spolehnout se na úzkou spolupráci mezi vnitrostátními zprostředkovateli inovací v oblasti dohledu v rámci Evropského fóra zprostředkovatelů inovací (EFIF) a na novou platformu EU pro digitální finance“ (kapitola 4.1, Evropská komise, 2020[122]). Zřízení regulatorního sandboxu by umožnilo českým inovativním společnostem podílet se na přeshraničním testování v rámci iniciativ EU. Například platforma EU pro digitální finance umožní testování ve dvou či více regulatorních sandboxech v různých členských státech, což usnadní viditelnost testů mezi vnitrostátními orgány zapojenými do testování.

Kontaktní místo ČNB pro FinTech se sice účastní jednání Evropského fóra zprostředkovatelů inovací (EFIF), jedná se však o kontaktní místo s omezeným rozsahem. Regulatorní sandbox by mohl existovat společně s kontaktním místem a doplňoval by nezávazné předběžné pokyny poskytnuté tímto kontaktním místem. Regulatorní sandbox se může vztahovat i na případnou omezenou kapacitu stávajícího kontaktního místa s ohledem na možné rostoucí potřeby finančních technologií v důsledku nových nebo připravovaných regulačních rámců EU, jako je nařízení o trzích kryptoaktiv (MiCA), pilotní režim technologie distribuovaného registru (DLT), návrh aktu o umělé inteligenci (AI) a návrh nařízení o informacích doprovázejících převody peněžních prostředků a některých kryptoaktiv.

Zřízení regulatorního sandboxu ve finančním sektoru je rovněž plánováno v rámci komponenty 1.4, investice 2.5 českého Národního plánu obnovy, která mimo jiné uvádí: *„Cílem investice je tvorba a provoz sandboxů (tj. testovacích prostředí) ve finančním sektoru a AI, jakožto nástrojů podpory pro (i) rychlé uvádění na trh dostupnějších, bezpečnějších a modernějších služeb v těchto oblastech; (ii) vznik a růst inovativních firem a (iii) digitalizaci ekonomiky.“*

Zejména zřízení zprostředkovatele v podobě regulatorního sandboxu umožní naplnění milníku 64 – 1.4.2.5, který vyzývá ke zřízení a spuštění dvou regulatorních sandboxů v souladu s prioritami EU, z nichž jeden se týká finančních technologií, a to do 4. čtvrtletí 2023. Během prvního roku svého fungování by regulatorní sandbox ke splnění cíle 65 do 4. čtvrtletí 2024 musel podpořit žádosti deseti FinTechových společností. Zřízení regulatorního sandboxu by také mohlo přispět k naplnění dalších souvisejících milníků a cílů českého Národního plánu obnovy, jako jsou *1.4.2.3 Pilotní koinvestiční fondy pro rozvoj pre-seedových investic, strategických technologií a univerzitních spin-offů a 1.4.2.4 Internacionalizace start-upů,* vzhledem k inovativní povaze způsobilých účastníků sandboxu a potenciálu pro přeshraniční testování ve spolupráci s regulatorními sandboxy jiných orgánů EU nebo v rámci celounijních iniciativ pro přeshraniční spolupráci v oblasti sandboxů.

Zřízení regulatorního sandboxu by mohlo přispět k podpoře inovací nejen na trhu, ale také v rámci orgánů dohledu a regulačních orgánů, a to vzhledem k možným přínosům pro Českou republiku plynoucím z interakce s inovativními obchodními modely a pečlivého sledování zavádění technologií pro finanční činnost.

Poděkování

Tuto zprávu vypracovaly Virginia Robano, Ana Sasi-Brodeski a Nayana Satpathy pod vedením Ioty-Kaousar Nassr a pod dohledem Fatos Koc a Serdara Çelika v rámci Ředitelství OECD pro finanční a podnikatelské záležitosti. Liv Gudmundson a Eva Abbott poskytly redakční a komunikační podporu.

Tato zpráva je výsledkem komplexního konzultačního procesu, kterého se v období od dubna 2022 do května 2023 zúčastnili zástupci různých zainteresovaných skupin českého fintech ekosystému.

Autoři by chtěli poděkovat za cenné podněty a konstruktivní zpětnou vazbu, které poskytli Alex Ivančo, Lenka Franče Rejzková a Barbora Kochová z Ministerstva financí ČR, Michal Vodrážka a Tomáš Olexa z České národní banky a Edouard Gomet z Generálního ředitelství Evropské komise pro podporu strukturálních reforem.

Tento projekt byl financován Evropskou unií prostřednictvím Nástroje pro technickou podporu a proveden OECD ve spolupráci s Generálním ředitelstvím Evropské komise pro podporu strukturálních reforem.

Generální ředitelství Evropské komise pro podporu strukturálních reforem (GŘ REFORM) poskytuje podporu při přípravě a provádění správních a strukturálních reforem, které podporují růst, prostřednictvím mobilizace finančních prostředků EU a technických odborných znalostí v souladu s kritérii a zásadami uvedenými v čl. 7 odst. 2 nařízení (EU) 2017/825. Další informace jsou k dispozici na adrese https://commission.europa.eu/funding-tenders/find-funding/eu-funding-programmes/technical-support-instrument/technical-support-instrument-tsi_cs.

Více informací o tomto projektu najdete na adrese https://www.oecd.org/finance/oecd-project-on-data-in-financial-services-in-the-czech-republic.htm.

Obsah

OBRÁZKY

TABULKY

Shrnutí

Zřízení regulatorního sandboxu českými orgány by mohlo podpořit inovace ve finančním sektoru a zároveň umožnit orgánům dohledu sledovat a řešit vznikající rizika spojená se zaváděním inovativních technologií v oblasti financí, přičemž potenciální přínosy by se rozšířily na všechny zúčastněné strany. Lepší komunikace a interakce s FinTechovými společnostmi prostřednictvím konstruktivního dialogu a individualizovaného poradenství, jasné pokyny týkající se kategorie licence odpovídající inovativnímu obchodnímu modelu a podpora při přípravě žádosti o licenci jsou některé z potenciálních přínosů pro FinTechové společnosti, které tak mohou činit informovanější rozhodnutí, rozvíjet strategie na míru a zajišťovat soulad s platnými předpisy. České orgány mohou lépe porozumět tomu, jak tyto inovativní mechanismy mohou změnit rizikový profil určitých finančních činností, a v případě potřeby usnadnit vypracování odpovídajících politických reakcí. Viditelné úsilí o zlepšení dialogu mezi orgánem dohledu a FinTechovými společnostmi může zvýšit důvěru investorů v životaschopnost místních FinTechových společností a atraktivitu domácího trhu s finančními technologiemi a signalizovat otevřenost vůči bezpečným inovacím v oblasti financí, což podpoří činnost začínajících FinTechových společností.

Prostřednictvím regulatorního sandboxu lze zvýšit právní jistotu, aniž by bylo nutné obcházet pravidla pro FinTechové společnosti, pokud jsou v rámci takového zprostředkovatele nadále uplatňována stávající pravidla a předpisy. Kromě toho může regulatorní sandbox prospět orgánům dohledu tím, že jim umožní lépe sledovat činnosti FinTechových společností a zajistit soulad s novými regulačními rámci (např. s nařízením o trzích kryptoaktiv (MiCA) nebo s pilotním režimem technologie distribuovaného registru (DLT)) a zároveň jim umožní zvážit veškeré nezbytné nástroje a zdroje potřebné k zajištění řádného prosazování předpisů v těchto nových oblastech.

Doporučený návrh českého regulatorního sandboxu vychází ze studie proveditelnosti pro jeho implementaci v České republice a je přizpůsoben jejím specifikům s ohledem na relevantní příležitosti a omezení domácího prostředí. Klíčová doporučení ohledně návrhu českého regulatorního sandboxu jsou uvedena níže.

Definice „inovativního finančního produktu": nový nebo vylepšený finanční produkt, služba nebo obchodní strategie, které využívají nové/vznikající technologie k poskytování inovativních/zdokonalených finančních služeb.

Cíle navrhovaného regulatorního sandboxu pro FinTechové společnosti: usnadnit inovace a urychlit výrobní inovace; podpořit hospodářskou soutěž a finanční začlenění ve finančním sektoru; usnadnit zavádění nových technologií a přilákat FinTechové společnosti.

Doporučená oblast působnosti: meziodvětvová bez omezení týkajících se odvětví činnosti, pokud přímo či nepřímo spadá do působnosti finančních orgánů. V této souvislosti se výrazem „nepřímo" rozumí finanční činnost, která nemusí spadat pod stávající definice činností vyžadujících povolení od orgánů, ale přesto může mít dopad na finanční sektor. Žadatelé musí ve všech případech splňovat kritéria způsobilosti.

Limity testovacího prostředí: Doporučená struktura nedoporučuje poskytovat žádné výjimky, omezená povolení nebo jiné zmírnění stávajících platných pravidel, které by bylo v každém případě v rozporu s pravidly EU. Doporučuje se, aby se u firem účastnících se českého regulatorního sandboxu a dle uvážení orgánu dohledu přiměřeně uplatňovaly stávající požadavky na regulaci a dohled, které spadají do regulace finančních služeb EU. Tato přiměřenost se může vztahovat na proces správy a řízení, požadavky na systém a kontrolu, složení představenstva, finanční zdraví, pověst, zkušenosti s řízením a dosavadní výsledky. Orgán dohledu by měl uplatňovat přiměřenost v jednotlivých případech v závislosti na obchodním modelu a platných pravidlech.

Dohled regulačních orgánů a orgánů dohledu: Doporučením, které českému regulatornímu sandboxu umožní maximalizovat provozní přínosy a zlepšit šíření regulační jasnosti na jedné straně a porozumění obchodním modelům ze strany orgánu dohledu na straně druhé, je, aby sandbox zřídily české orgány. Taková je praxe u všech regulatorních sandboxů v EU.Vzhledem k tomu, že navrhovaný testovací rámec nenabídne společnostem podílejícím se na sandboxu výjimky nad rámec výjimek stanovených vnitrostátními a evropskými právními předpisy, není pro zřízení regulatorního sandboxu nutné provádět legislativní změny. České orgány by mohly regulatorní sandbox zřídit vnitřním aktem nebo vyhrazením míst pro koordinaci jeho činnosti v rámci příslušných orgánů.

Standardní regulatorní vs. datový sandbox: Doporučením pro český sandbox je začít se zřízením „standardního" regulatorního sandboxu a do maximální možné míry zajistit sdílení dat, pokud to podmínky dovolí. Proveditelnost této možnosti bude založena na i) dostupnosti datových souborů a schopnosti je zpřístupnit; ii) kapacitě orgánů účastnících se regulatorního sandboxu. Rovněž by bylo možné předpokládat, že datový sandbox bez regulatorní složky by mohl být zajišťován externě anebo existovat mimo české orgány, i když i v tomto případě by se orgány musely účastnit mimo jiné prostřednictvím poskytování údajů. Tyto dva typy sandboxů, regulatorní a datové, se vzájemně nevylučují.

Typy dat v datovém sandboxu: Doporučení ohledně českého datového sandboxu bude záviset na analýze proveditelnosti tohoto úsilí, která bude dáledo značné míry záviset na datových souborech, jež lze zpřístupnit, s přihlédnutím k právním a technickým omezením ve vztahu ke společnostem zapojeným do takového zprostředkovatele. Rovněž bude záviset na přidělení kapacity pro provoz tohoto sandboxu, jak z hlediska počtu, tak z hlediska technických dovedností, aby byl jeho provoz možný.

Syntetická data v datovém sandboxu: V prvních fázích vývoje datového sandboxu se doporučuje této možnosti vyhnout, pokud neexistuje ochota využít důležité zdroje, a to jak interně / již existující, tak externě z hlediska poskytovatelů specializovaných služeb, které nemusí být dostupné v rámci českých orgánů. V budoucnu mohou české orgány v závislosti na dostupnosti zdrojů a zkušenostech se sandboxem zvážit zapojení do fáze datového sandboxu, která bude náročnější na zdroje a bude zahrnovat syntetické datové soubory.

Účastníci: Do kategorie společností, které se mohou zúčastnit a považovaly by účast za užitečnou, by patřily společnosti, které již mají licenci, ale chtějí vyzkoušet novou technologii anebo obchodní model, dále společnosti, které v rámci finančních právních předpisů nemají potřebnou licenci k poskytování požadované činnosti, a společnosti, u kterých není jisté, zda činnost vyžaduje licenci v rámci finančních právních předpisů.

Kritéria způsobilosti: Doporučuje se, aby účastníci regulatorního sandboxu měli příslušnou licenci pro vykonávanou regulovanou činnost nebo byli připraveni o licenci požádat, aby ji měli před zahájením testovací fáze, pokud se orgán dohledu domnívá, že činnost spadá do oblasti regulované finanční činnosti. V případě, že se orgán dohledu domnívá, že licence není nutná, je na uvážení českých orgánů, zda společnosti testování povolí, či nikoli. To by mohlo být přínosné jak pro české orgány, tak pro poskytovatele služeb, například pokud se právě projednává regulace v této oblasti a spolupráce by byla vyhodnocena jako přínosná pro seznámení se s tímto typem produktu.

Vzor povolení: Účastníci jsou předem vybráni zvláštním poradním výborem na základě přiložených kritérií způsobilosti. Poradní výbor poskytne nezávazné doporučení. To pak bude potvrzeno nebo zamítnuto českými orgány, ale neplatí to pro ČNB, neboť ČNB nemá k vydání takového rozhodnutí žádný právní základ. Orgán provozující sandbox vydá rozhodnutí o výběru po zvážení doporučení poradního výboru.

1 Hodnocení českého FinTechového prostředí

V českém FinTechovém odvětví působí více než stovka regulovaných a neregulovaných firem na trhu, který je silně ovládán bankami. Čeští spotřebitelé digitalizaci vítají, ale současná alokace finančních aktiv je konzervativní a kapitálový trh je nedostatečně rozvinutý. Současný dialog mezi českými orgány a FinTechovými společnostmi nemusí být optimální a výsledky dotazníku OECD ohledně FinTechového trhu naznačují, že regulace je vnímána jako hlavní problém, po němž následuje přístup na trh a financování.

České FinTechové prostředí zahrnuje více než sto FinTechových společností působících napříč různými segmenty činnosti, které spadají do regulační oblasti dohledu i mimo ni. Úroveň digitalizace je poměrně vysoká, zejména v sektoru poskytovatelů platebních služeb, který je také hlavním segmentem činnosti českých FinTechových společností. Zjištění otevřeného dotazníku OECD (OECD, 2022[1]) o FinTechových aktivitách v České republice, prezentovaná na konci této kapitoly, poukazují na několik vnímaných překážek rozvoje finančních technologií v České republice. Patří mezi ně přístup k financování, provozuschopnost rozhraní API pro přístup k datům, vstupní bariéry ze strany dominantních zavedených subjektů a vnímané překážky týkající se regulačních otázek.

Analýza českého FinTechového prostředí identifikovala několik takových projevů regulačních a dohledových překážek růstu finančních technologií, jako je vyčkávací přístup, který přijaly orgány dohledu a regulační orgány, oproti aktivnějšímu přístupu několika dalších členských států EU, nedostatečné upřednostňování podpory hospodářské soutěže ve finančním sektoru, zdlouhavé postupy udělování licencí platebním institucím a kulturní rozdíly mezi orgánem dohledu a FinTechovými společnostmi. Mezi další neregulativní zjištěné nedostatky, které mohou bránit růstu finančních technologií, patří dominantní postavení bankovního sektoru, nedostatečné zdroje financování pro české malé a střední podniky, včetně začínajících podniků, problémy týkající se přístupu k datům, závislost na zahraničních společnostech při šíření inovací a nedostatek kvalifikovaného lidského kapitálu, nízká úroveň integrace podnikových informačních a komunikačních technologií a konzervativní investiční výhled české populace.

1.1. Vznikající místní FinTechové odvětví

Rozvoj FinTechových aktivit probíhá podle vzoru neustálého růstu jak na globální, tak na domácí úrovni v České republice. Pandemie COVID-19 urychlila a zintenzivnila trend digitalizace, který na finančních trzích existoval již dříve, a zvýšila nabídku inovativních řešení v oblasti finančních technologií i poptávku po nich (OECD, 2022[1]). Kromě FinTechových společností jsou v oblasti inovací aktivní i tradiční finanční instituce, jako jsou banky a pojišťovny (OECD, 2022[1]). Na straně poptávky existuje otevřenost vůči novým digitálním finančním produktům, službám a řešením a podnikatelský sektor poměrně rychle přijímá inovace v oblasti finančních služeb (ICLG, 2021[2]).

1.1.1. Malé FinTechové odvětví nabízející různé finanční služby

V České republice působí 113 českých FinTechových společností napříč velkým množstvím různých odvětví regulované i neregulované činnosti (FinTech Cowboys, 2022[3]). Z hlediska vyspělosti a výkonnosti se české FinTechové společnosti na základě několika nedávných průmyslových studií řadí do spodní třetiny evropských zemí (McKinsey, 2022[4]). České FinTechové společnosti poskytují služby především v oblastech, jako jsou účetnictví, platby, správa osobních financí, přímé úvěrování (P2P) nebo crowdfunding (Obrázek 1.1). Populárním se stalo také otevřené bankovnictví vytvořené na základě směrnice PSD2. Historicky jsou inovace v odvětví poskytovatelů platebních služeb silné, zejména v oblasti bezkontaktních plateb kartou, kde se Česká republika již půl desetiletí trvale řadí mezi pět zemí na světě s nejvyšší mírou využívání bezkontaktních plateb kartou (Visa, 2022[5]).

Z hlediska počtu zákazníků či ocenění patří k největším FinTechovým společnostem v České republice úvěrové platformy P2P. Také crowdfunding jako forma alternativního financování[1] je zde stále populárnější. Objem financování alternativních finančních platforem na obyvatele v České republice však patří k nejnižším v Evropě (CCAF, 2021[6]). V České republice probíhají v oblasti crowdfundingu regulatorní změny, kvůli nimž tyto platformy za určitých podmínek podléhají různým regulačním požadavkům. Regulace by mohla zvýšit atraktivitu tohoto typu investic prostřednictvím platforem skupinového financování (Advokátní deník, 2022[7]).

Obrázek 1.1. Počet českých FinTechových společností, červenec 2022

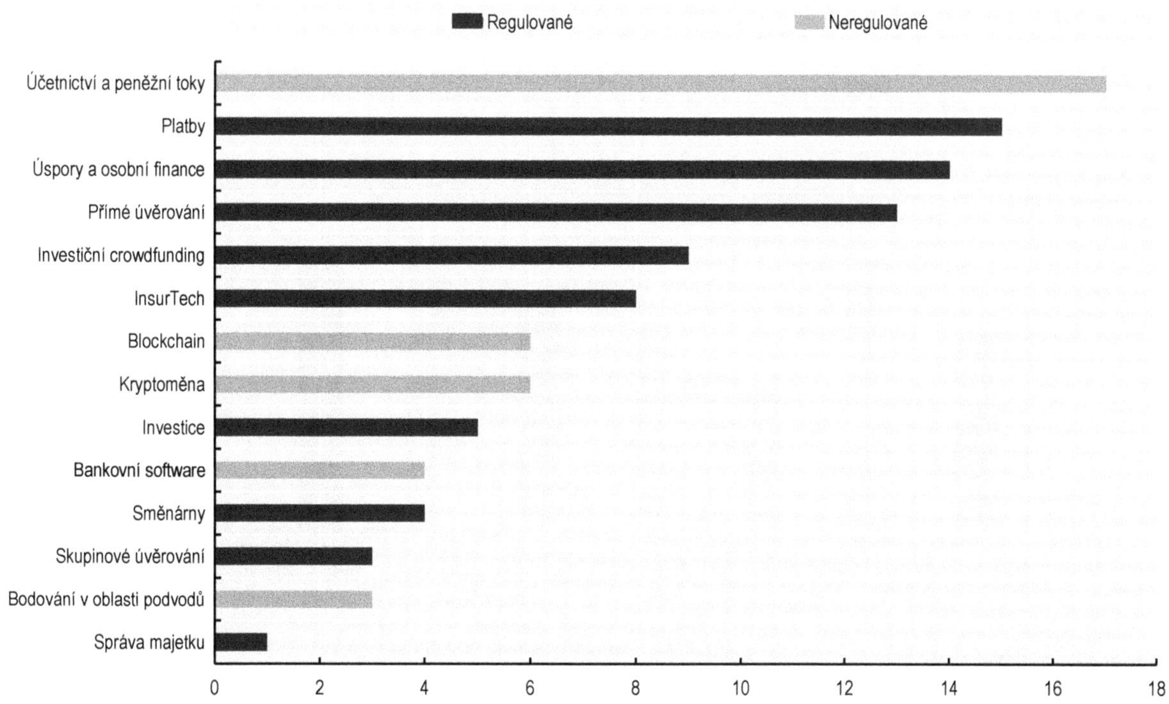

Zdroj: Konstrukce OECD na základě údajů FinTech Cowboys (2022[3]), Fintechová mapa České republiky – jaro 2022: přes 100 fintechů, https://fintechcowboys.cz/fintechova-mapa-ceske-republiky-jaro-2022-pres-100-fintechu/.

1.1.2. Otevřenost spotřebitelů vůči digitalizaci zvyšuje poptávku po FinTechových aktivitách

Čeští občané jsou otevřeni využívání digitalizovaných služeb a produktů a často využívají finanční služby prostřednictvím online aplikací pro účely, jako je placení účtů, zasílání peněz nebo prohlížení informací o účtu (World Bank, 2021[8]) (Obrázek 1.2). Jsou také zvyklí na online nákupy, přičemž Česká republika se v podílu místních spotřebitelů nakupujících online umístila mezi členskými státy EU na 8. místě (Ecommerce Europe and EuroCommerce, 2022[9]).

Obrázek 1.2. Využívání digitálních finančních služeb a produktivních inovativních firem v České republice od roku 2021

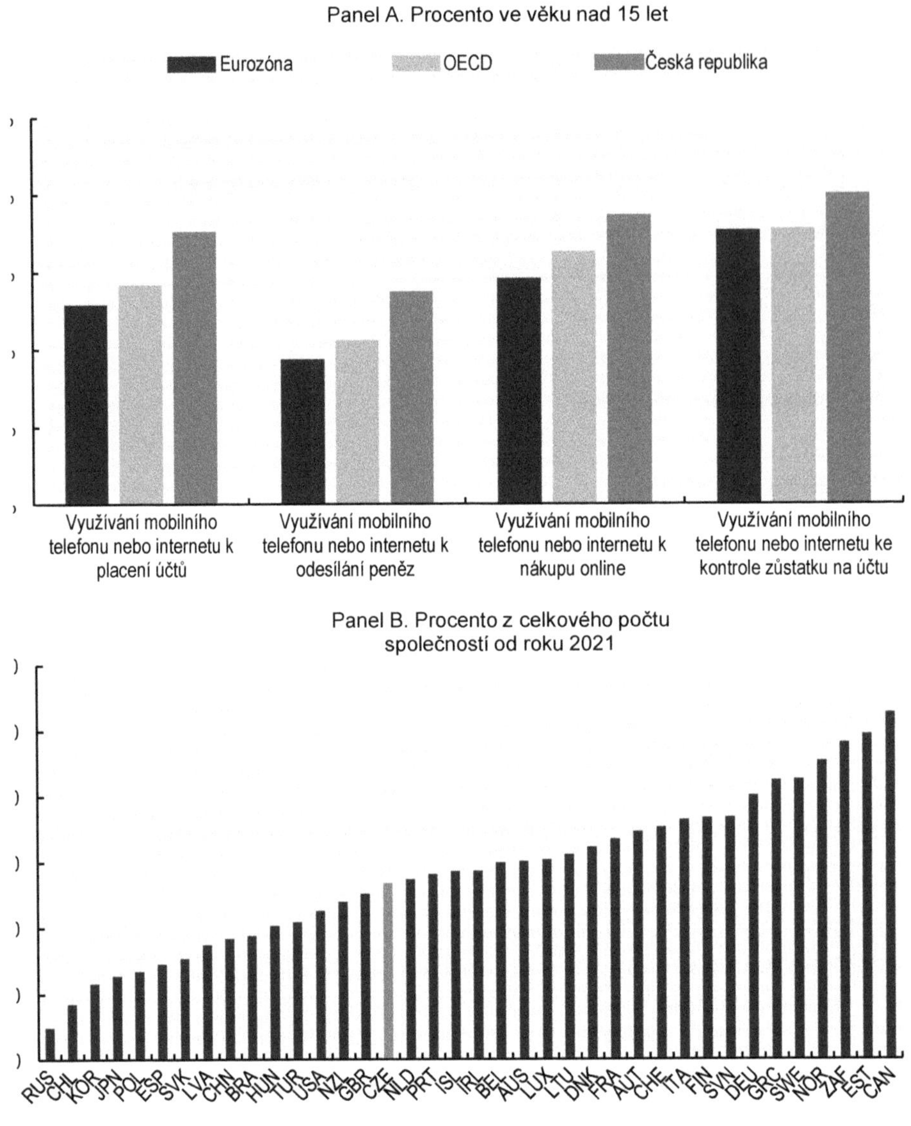

Zdroj: OECD (2022[10]), Statistiky a ukazatele podnikových inovací, https://www.oecd.org/sti/inno-stats.htm#indicators; Světová banka (2021[8]), The Global Findex Database 2021, https://www.worldbank.org/en/publication/globalfindex.

1.1.3. Místní inovace jsou podporovány zahraničními společnostmi a externím financováním za přítomnosti místních finančních omezení

Podle evropského srovnávacího přehledu inovací pro rok 2022 se Česká republika řadí mezi země s mírnou výkonností v oblasti inovací, která je na úrovni 92,6 % průměru EU (European Commission, 2022[11]). Výkonnostní rozdíl země vůči EU se však zmenšuje. Česká republika od roku 2015 zvýšila svou výkonnost dvakrát rychleji, než je průměr EU, a zlepšení bylo obzvláště vysoké od roku 2021 do roku 2022 (European Commission, 2022[11]).

Inovativní společnosti z hlediska inovace produktů[2] staví Českou republiku mezi zeměmi OECD mírně pod průměr (Obrázek 1.2). České finanční a pojišťovací odvětví je však inovativnější než celý podnikatelský sektor, což jej staví do vedoucí pozice v oblasti inovací na místní úrovni, i když v jiných zemích obvykle v této pozici není (OECD, 2022[10]).

Inovace na českém trhu jsou v současné době připisovány zahraničním společnostem. Inovační strategie České republiky 2019–2030 ukazuje, že většina inovačních podniků v ČR, zejména velkých průmyslových podniků, byla v roce 2016 pod zahraniční kontrolou (R&D&I Council, 2019[12]). Podobně je podíl zahraničních firem v České republice vyšší mezi nejproduktivnějšími společnostmi ve srovnání s celkovým podnikatelským sektorem (OECD, 2020[13]). Evropský srovnávací přehled inovací pro rok 2022 řadí Českou republiku na třetí místo s ohledem na podíl přidané hodnoty, kterou přispívají podniky pod zahraniční kontrolou (European Commission, 2022[14]). Je třeba poznamenat, že přítomnost zahraničních firem se nepovažuje za dostatečnou podmínku pro (rozsáhlé) šíření inovací (OECD, 2020[13]).

Místní inovační činnosti se potýkají především s nedostatkem finančních prostředků, ať už z externích, interních nebo veřejných zdrojů (R&D&I Council, 2019[12]; Czech Statistical Office, 2022[15]). A to i přesto, že si česká vláda v roce 2020 stanovila cíl stát se do deseti let lídrem v oblasti inovací a plánuje v této oblasti zvýšit veřejné výdaje na 2,5 % HDP v roce 2025 a 3 % do roku 2030 (OECD, 2020[13]). Místní podniky uvádějí také jako hlavní nefinanční problém nedostatek kvalifikovaných pracovníků (Czech Statistical Office, 2022[15]).

Statistiky investic do výzkumu a vývoje (VaV) na úrovni jednotlivých zemí ukazují stabilní růst těchto výdajů v České republice v posledních letech, i když ne dostatečně rychlý, aby vyrovnal rozdíl mezi zeměmi EU a OECD, zejména proto, že výdaje na výzkum a vývoj v zemích OECD se v roce 2022 zrychlily (Obrázek 1.3). Závislost inovací na vnějších zdrojích je zřejmá i v investicích do výzkumu a vývoje. Výzkum a vývoj podporovaný místním podnikatelským sektorem v České republice je ve srovnání se zeměmi EU/OECD obzvláště nízký, zatímco investice ze zahraničí jsou vysoké (pravá stranaObrázek 1.3).

Obrázek 1.3. Hrubé domácí výdaje na výzkum a vývoj

Celkové výdaje na vstupy použité při provádění VaV, v procentech HDP

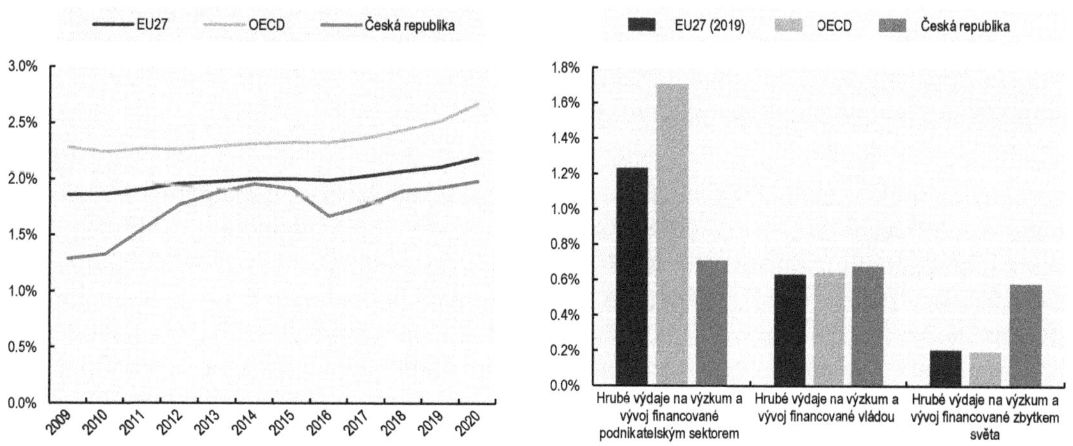

Zdroj: OECD (2022[16]), Srovnávací přehled v oblasti vědy, technologií a inovací, https://www.oecd.org/sti/scoreboard.htm#publications.

V oblasti informačních a komunikačních technologií (IKT) vykazují české podniky v rámci EU nadprůměrnou přítomnost na internetu, což odpovídá vysokému podílu Čechů provádějících nákupy online. Zároveň je však méně podniků, než je průměr EU, připojeno k vysokorychlostnímu internetu a méně podniků využívá podnikový software (Czech Statistical Office, 2022[17]). Využívání cloudových úložišť pro finanční data ze strany podniků, které je předpokladem pro mnoho inovativních finančních aplikací pro podniky, je v České republice stále poměrně nízké.

1.2. Nedostatečně rozvinutý sektor finančních služeb ovládaný bankami

České FinTechové společnosti působí v sektoru finančních služeb, kterému ve většině segmentů finančních trhů dominují banky. Malý místní kapitálový trh omezuje zdroje financování FinTechových společností a také rozmanitost služeb, které jsou FinTechové společnosti schopny nabídnout spotřebitelům a malým a středním podnikům v ekonomice s malým počtem stávajících finančních produktů a omezenými možnostmi oddělení finančních služeb. Nedostatky ve finanční gramotnosti a konzervativní alokace úspor ze strany spotřebitelů mohou omezit využívání inovativních finančních služeb nebo vést k nesouladu mezi službami a spotřebiteli a zvýšit kumulaci finančních rizik.

Aktiva bankovního systému tvořila k březnu 2022 85 % celkových aktiv domácího (regulovaného) finančního systému včetně penzijních a investičních fondů, pojišťoven a dalších subjektů (CNB, 2022[18]). Celková úroveň úvěrů soukromému sektoru v České republice je ve srovnání se zeměmi OECD nízká, což potenciálně ponechává prostor pro růst usnadněný FinTechovými společnostmi (Obrázek 1.4). V posledních letech zažívají inovativní úvěrové platformy rozmach, zejména v oblasti spotřebitelských úvěrů P2P a platforem skupinového financování (OECD, 2022[1]).

Obrázek 1.4. Celkové úvěry nefinančnímu sektoru a finanční aktiva domácností a NISD

Procento HDP [levá strana], procento čistého disponibilního příjmu (NDI) [pravá strana], k roku 2020

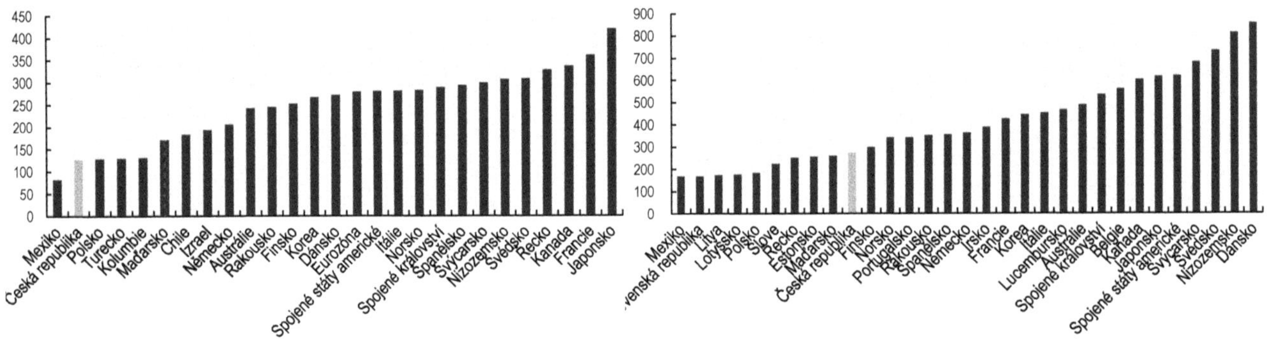

Zdroj: OECD (2022[16]), Srovnávací přehled v oblasti vědy, technologií a inovací, https://www.oecd.org/sti/scoreboard.htm#publications.

České orgány dospěly k závěru, že kapitálový trh v České republice je nedostatečně rozvinutý a neplní dostatečně svou hlavní funkci (tj. efektivně přerozdělovat volné finanční prostředky od střadatelů a investorů (domácností) podnikatelům, kteří potřebují financovat svůj rozvoj) (MFCR, 2019[19]). Jedním z pravděpodobných důvodů je skutečnost, že převažuje tradiční bankovní financování a zároveň existuje silná závislost na dotacích EU (nikoli však nutně ve FinTechovém odvětví) (MFCR, 2019[19]). Tento příklon k bankovnímu financování je podporován konzervativní alokací aktiv domácností, nízkými úsporami na stáří nad rámec povinného důchodového zabezpečení, nízkým povědomím podnikatelů o možnostech financování podnikání a výzkumu prostřednictvím kapitálového trhu a malou škálou domácích investičních nástrojů dostupných retailovým investorům ve srovnání se západní Evropou (OECD, 2022[1]).

FinTechovým společnostem nebrání ve spolupráci a uzavírání dohod s tradičními poskytovateli finančních služeb žádné zvláštní regulační překážky, s výjimkou požadavků vztahujících se na konkrétní služby, jako jsou pravidla pro outsourcing bank, která mohou nejmenší začínající podniky považovat za příliš zatěžující. Tradiční poskytovatelé finančních služeb však při hledání nových digitálních řešení nebo vylepšení svých stávajících nabídek dávají přednost zavedeným a známým dodavatelům, zejména v klíčových bankovních systémech, řízení vztahů se zákazníky a obchodních platformách. To se však vyvíjí, a i když se banky v minulosti spolupráci s FinTechovými společnostmi spíše bránily, začínají se více zaměřovat na lepší uživatelskou zkušenost, aby zajistily větší loajalitu zákazníků a uživatelsky přívětivější a levnější služby a aby si udržely klienty uprostřed rostoucí konkurence na trhu, kterou FinTechové společnosti vyvolávají. V důsledku toho se úroveň celkové digitalizace českého bankovního sektoru a dostupnost nových inovativních řešení či produktů nabízených bankami za poslední desetiletí výrazně zlepšila (OECD, 2022[1]).

1.2.1. Čeští spotřebitelé směřují úspory především do bankovních vkladů

Za posledních deset let se finanční začlenění českých spotřebitelů v souvislosti s tradičními finančními produkty zvýšilo. Vlastnictví běžných a spořicích účtů rychle rostlo. České domácnosti se však drží konzervativního investičního výhledu – i přes vysokou míru úspor v české ekonomice se české domácnosti řadí na spodní příčky zemí OECD s ohledem na celková držená finanční aktiva (Obrázek 1.4). Více než polovina úspor domácností je držena v hotovosti a vkladech a na kapitálový trh vstupuje jen nepatrný zlomek úspor (MFCR, 2019[19]). Pouze malá část aktiv je spravována mimo bankovní systém; aktiva spravovaná v penzijních fondech a pojišťovnách tvořila v roce 2021 méně než 20 % českého HDP (OECD, 2022[1]).

Ve srovnání se zeměmi OECD si české domácnosti vzaly méně úvěrů a drží méně nesplacených hypoték, než je průměr napříč zeměmi (World Bank, 2021[8]). Jen málo spotřebitelů uvedlo, že v roce 2010 využívalo spotřebitelský a hypoteční dluh, a i když se tento poměr poněkud zvýšil (Obrázek 1.5), zůstává současná úroveň spotřebitelského zadlužení relativně nízká. Doplňkové úspory téměř vůbec nerostou a investice do vlastního kapitálu a dluhopisů jsou extrémně nízké. Vzhledem k současnému nastavení je méně obchodně racionální, aby osobní finanční poradci nebo aplikace pro porovnávání nákladů fungovali ve velkém měřítku.

Obrázek 1.5. Aktivní využívání finančních produktů Čechy

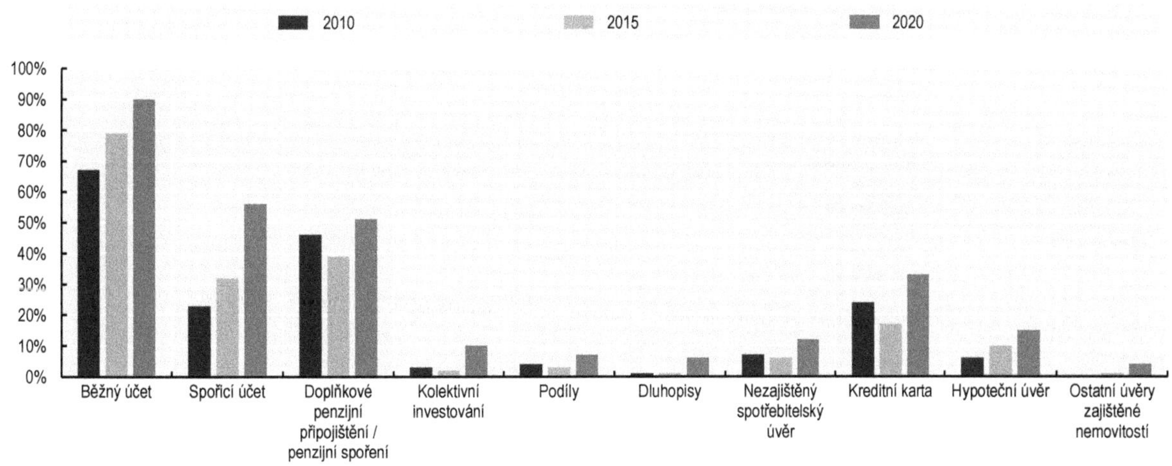

Zdroj:Konstrukce OECD na základě údajů MFČR (2020[20]), Výsledky měření finanční gramotnosti 2020, https://financnigramotnost.mfcr.cz/cs/pro-odborniky/mereni-urovne-financni-gramotnosti/2020/postoje-k-financim-a-chovani-3272/.

1.2.2. České malé a střední podniky nemají dostatečné zdroje financování

V České republice je k dispozici jen málo rizikového kapitálu (Obrázek 1.6), což vzhledem k chybějícím dynamickým kapitálovým trhům vede k nedostatku finančních prostředků pro začínající inovativní společnosti, které potřebují kapitál s vysokou tolerancí k riziku. Nedostatek kapitálového financování opakovaně zmínily zúčastněné strany z České republiky během diskusí a rozhovorů s OECD v roce 2020; dostupnost finančních prostředků pro inovativní začínající podniky, zejména ve velmi raných fázích jejich životního cyklu (tzv. fáze ověřování koncepce), byla opakovaně označena za problematickou (OECD,

2020[13]). Bankovní úvěry nemusí být pro mladé začínající podniky bez předchozí finanční historie nebo hotového produktu vždy dostupné (OECD, 2020[21]). Banky obecně nejsou ochotny půjčovat tomuto segmentu podniků a velká část veřejné finanční podpory na tyto podniky také není zaměřena (OECD, 2020[13]).

Údaje z průzkumu o přístupu podniků k financování (SAFE), který Evropská komise provádí jednou ročně, tato zjištění podporují a naznačují, že místní trh s bankovními úvěry postrádá hloubku a je méně inkluzivní. Mezi různými možnostmi financování vykazují české malé a střední podniky nízké využívání bankovních úvěrů, obchodních úvěrů a vlastního kapitálu k financování svých operací a růstu. Naproti tomu využívání úvěrových linek, leasingu a nákupu na splátky a faktoringu českými malými a středními podniky je podobné jako u malých a středních podniků v celé EU. To by mohlo naznačovat, že úvěry získané v bankách se používají na probíhající operace společnosti, ale méně pro účely investic, obchodní expanze atd. Míra odmítnutí ze strany bank je navíc v České republice vyšší, než je průměr EU, a to 16 %, resp. 7 %. Malé a střední podniky v jiných zemích EU mají větší možnost získat částečnou částku žádosti o úvěr nebo půjčku s vysokou úrokovou sazbou, přičemž pro rizikové dlužníky je k dispozici více alternativ. Vlastní kapitál je jako potenciální zdroj financování českých malých a středních podniků téměř zcela odmítán, a to i tři roky po založení burzy START[3] (Obrázek 1.7), (European Commission, 2021[22]).

Obrázek 1.6. Investice rizikového kapitálu podle zemí

Kumulované částky za období 2015–2021 v milionech EUR

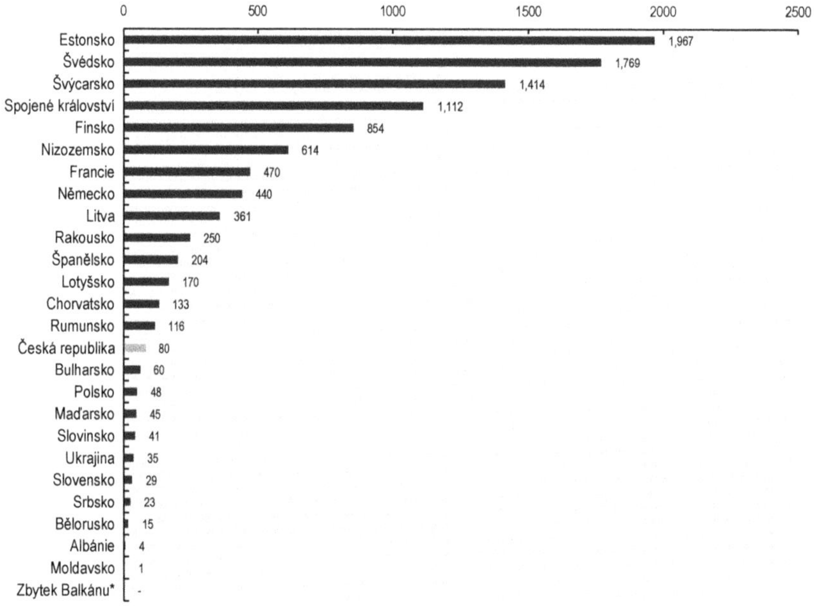

Poznámka: (*) Severní Makedonie, Kosovo, Černá Hora, Bosna a Hercegovina.
Zdroj: Konstrukce OECD na základě údajů z Google for Startups, Atomico a dealroom.co (2021[23]), Coming of age: Central and Eastern European startups, https://dealroom.co/reports/coming-of-age-central-and-eastern-european-startups.

Obrázek 1.7. Zdroje financování malých a středních podniků

Procento respondentů, kteří odpověděli ano na otázku: „Jsou pro vaši společnost relevantní následující zdroje financování, tj. využili jste je v minulosti nebo jste o jejich využití uvažovali do budoucna?"

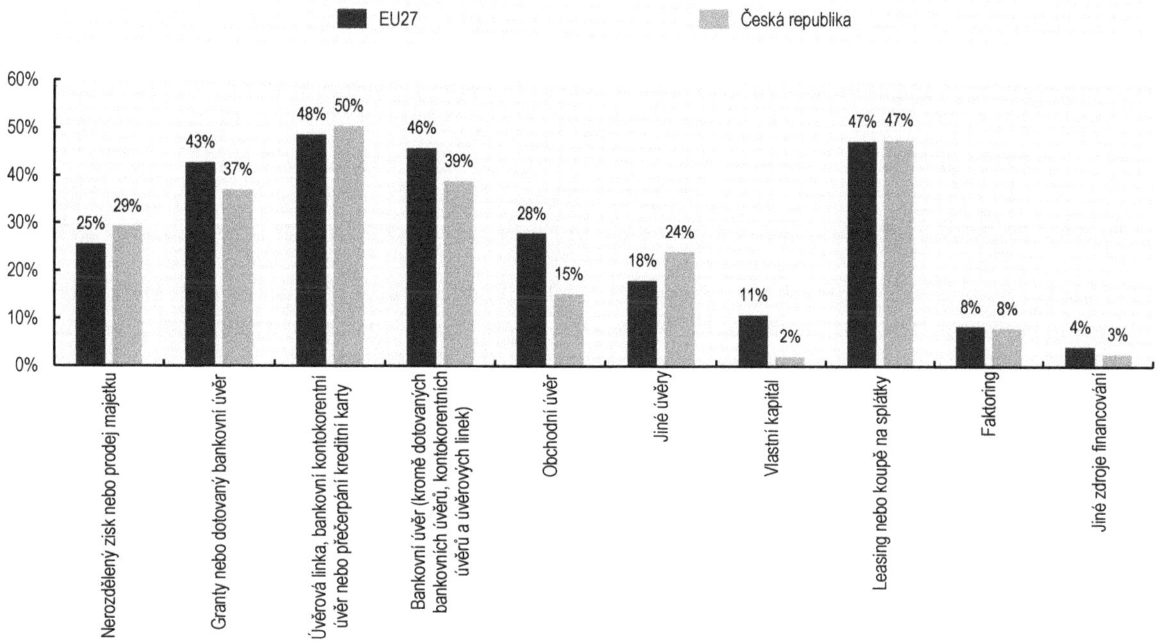

Zdroj: Evropská komise (2021[22]), Data a průzkumy – SAFE, https://single-market-economy.ec.europa.eu/access-finance/data-and-surveys-safe_en.

Nízká úroveň úvěrů spotřebitelů a malých a středních podniků by mohla být výsledkem kombinace základních faktorů, přičemž jedním z nich je právní uspořádání režimu řešení úpadku, které ovlivňuje poptávku a nabídku úvěrů. Vysoké osobní a ekonomické náklady spojené s řešením problémů snižují úvěrovou atraktivitu pro spotřebitele a podniky a tyto náklady rovněž zvyšují počáteční cenu úvěru, neboť věřitelé internalizují možnou očekávanou ztrátu. Ve srovnání provedených insolvenčních režimů dosáhla Česká republika nejhorších výsledků v osobních nákladech neúspěšných podnikatelů a v nedostatečné prevenci a zefektivnění (Mcgowan and Andrews, 2018[24]). Nejlepšího výsledku Česká republika naopak dosáhla ve třetí kategorii – překážky restrukturalizace. To by mohlo znamenat, že koncepce soudem řízeného místního režimu je vhodná, avšak „sankce" vůči upadajícím společnostem a jejich podnikatelům jsou vysoké a včasné řešení a mimosoudní řešení je neefektivní. Režimy by měly být navrženy tak, aby dlužníky motivovaly k tomu, aby v době svých finančních obtíží přijali vhodná opatření dostatečně brzy, čímž se zvýší šance na úspěšnou restrukturalizaci (Mcgowan and Andrews, 2018[24]). V České republice se diskutuje o právním rámci preventivní restrukturalizace (Lukas Valusek and Lenka Kučerová, 2022[25]).

Omezený přístup k zahraničnímu financování je dalším faktorem, který může být příčinou nízké úrovně úvěrů českých spotřebitelů a malých a středních podniků. Podle přehledu Evropské komise SBA Fact Sheet 2019 má Česká republika v oblasti internacionalizace malých a středních podniků mezi členskými státy EU nejhorší výsledky. Formality jsou s omezenou digitalizací poměrně těžkopádné a malé a střední podniky ve srovnání se svými protějšky v jiných zemích EU obchodují se zbožím mimo EU méně často (European Commission, 2019[26]). S těmito připomínkami se ztotožnili tvůrci politik a další zúčastněné strany, které často uváděly omezený přístup na zahraniční trhy pro většinu podniků, nehledě na několik výjimek (zejména velkých společností) (OECD, 2020[13]).

Předchozí výzkum ukázal, že poskytování úvěrů v oblasti finančních technologií a zavádění alternativních metod úvěrového ohodnocení by mohly být obzvláště přínosné při rozšiřování přístupu malých a středních podniků s nedostatkem prostředků k úvěrům (OECD, 2022[27]). MFČR připravilo Národní strategii rozvoje kapitálového trhu v České republice 2019–2023, kterou schválila vláda a která navrhuje čtyři hlavní opatření, z nichž každé je zaměřeno na jinou skupinu zúčastněných stran – domácnosti, podniky, tržní infrastrukturu a veřejný sektor (OECD, 2022[1]). Strategie navrhuje rozsáhlý soubor politických opatření a reforem. Všechna navrhovaná opatření obsahují časový rámec pro provedení, nicméně průběžné hodnocení plnění strategie není veřejně dostupné (MFCR, 2019[19]). Jedním ze zavedených opatření je spuštění informační internetové stránky s názvem Kapitálový průvodce, která je určena malým a středním podnikům hledajícím alternativy k bankovnímu financování (MFCR and EU, 2022[28]).

1.2.3. Banky uchovávají data, ke kterým se FinTechové společnosti snaží získat přístup

Výsledky dotazníku OECD sdíleného s českými FinTechovými společnostmi v létě 2022 zdůrazňují ústřední roli dat v jejich obchodním modelu, typ používaných dat a současné obtíže při přístupu k nim, jakož i omezení rozsahu. Převážná většina respondentů v dotazníku zdůraznila význam přístupu k finančním údajům pro své podnikání (88 %), přičemž rozhraní API jsou nejčastějším prostředkem umožňujícím dostupnost údajů (88 %), což dokazuje významný dopad, který má regulační povinnost zavedených provozovatelů v rámci směrnice PSD2 na obchodní model nových poskytovatelů služeb. Více než polovina (54 %) respondentů uvedla, že směrnice PSD2 má na jejich činnost výrazný vliv.

Podle směrnice PSD2[4], která v české legislativě vstoupila v platnost v průběhu roku 2018 a která stanoví právní základ pro otevřené bankovnictví, jsou banky povinny zpřístupnit svá API poskytovatelům služeb informování o platebních účtech (MFCR, 2017[29]). Rámec směrnice PSD2 však není využíván plně; více než 46 % firem, které na dotazník OECD odpověděly, mělo problémy s přístupem k údajům o zákaznících od finančních zprostředkovatelů. Neoficiální důkazy některých FinTechových společností působících v České republice naznačují, že se FinTechové společnosti potýkají s technickými a dalšími problémy, které jim brání v pravidelném připojení přímo k bankovnímu rozhraní API. FinTechové společnosti se proto uchylují k agregátorům, aby pro ně data centrálně shromažďovaly – agregátory a speciální nákupy dat od specializovaných firem využívá více než polovina FinTechových společností (58 %). V současné době na českém finančním trhu působí jen malé množství agregátorů, jako jsou privátní agregační platformy bankovních API (BAAPI) s názvem Trask a Finbricks. Existují také soukromé smlouvy mezi bankami a FinTechovými společnostmi, které umožňují sdílení dat (OECD, 2022[1]).

Nedostatky směrnice PSD2, pokud jde o zvýšenou hospodářskou soutěž v oblasti malých plateb, byly uznány na úrovni EU (EBA, 2022[30]). Evropská komise prosazuje právní předpisy pro snadnější a bezpečnější dostupnost údajů v rámci své dlouhodobé strategie v oblasti dat (European Commission, 2020[31]). Cílem strategie je vytvořit jednotný trh EU s osobními i neosobními údaji, včetně citlivých obchodních údajů. V rámci této rozsáhlé strategie Evropská komise nedávno navrhla právní předpisy o opakovaném použití veřejně uchovávaných, chráněných osobních a neosobních údajů, které se vztahují na zprostředkovatele dat (navrhované nařízení o harmonizovaných pravidlech pro spravedlivý přístup k údajům a jejich využívání) a pravidla týkající se toho, kdo může používat jaké údaje a pro jaké účely a kdo k nim může přistupovat (návrh nařízení o evropské správě dat) (European Commission, 2022[32]; European Commission, 2022[33]).

Pokud jde konkrétně o finanční údaje, zřídila Komise v roce 2021 skupinu odborníků pro evropský prostor pro finanční data s cílem zapojit zúčastněné strany. O rok později byla vytvořena podskupina pro otevřené financování, neboť otevřené financování je považováno za nedílnou součást evropského prostoru pro finanční data, spolu s údaji obsaženými ve zveřejňovaných informacích o společnostech a s údaji z oblasti dohledu (European Commission, 2022[34]). Přístup k údajům o zákaznících a jejich opakované použití se souhlasem v celé řadě finančních služeb již byly zmíněny ve strategii EU pro digitální finance (European Commission, 2020[35]).

Česká bankovní asociace současně zavedla českou normu pro otevřené bankovnictví, jejímž cílem je jednotná implementace normy PSD2 API na českém trhu. Tato norma však není povinná, takže je na uvážení jednotlivých bank, aby se rozhodly, zda chtějí normu dodržovat, či nikoli. Jedním z nejvýznamnějších případů použití, který se z normy otevřeného bankovnictví vyvinul, byla implementace bankovní identity, což je rozhraní, které umožňuje digitální ověření totožnosti a je vlastněné devíti českými bankami.[5] Tato služba se zdá být zlepšením pro spotřebitele, ačkoli i pro banky může být užitečné shromažďovat údaje o svých zákaznících, které se týkají jejich obchodních zvyklostí, a ověřovat údaje shromážděné v rámci identifikace ve veřejných rejstřících. Posiluje to výhodu zavedených bank v přístupu k údajům a jejich vlastnictví, i když přímé informace o činnosti uživatelů na obchodních nebo vládních stránkách nejsou pro ověřující banku viditelné (OECD, 2022[1]).

1.3. Finanční regulace a dohled v České republice:

1.3.1. Jednotný finanční dohled

Aktivita na finančním trhu v České republice, včetně FinTechových aktivit, je kontrolována Českou národní bankou (ČNB) a regulována Ministerstvem financí České republiky (MFČR). ČNB je jediným jednotným orgánem dohledu nad finančními trhy v České republice.[6] ČNB stanovuje pravidla formou vyhlášek a ustanovení; schvaluje, reguluje, kontroluje a uděluje sankce za nedodržování těchto pravidel. ČNB se ve spolupráci s Ministerstvem financí ČR, které je odpovědné za přípravu zákonů v oblasti finančního trhu, podílí na přípravě primární legislativy a odpovídá za přípravu sekundární legislativy (CNB, 2022[36]). Cílem ČNB v oblasti dohledu, jak je definován zákonem, je zajistit finanční stabilitu a bezpečné a zdravé fungování finančního systému v České republice a přispět tak k dosažení jejího primárního cíle, kterým je cenová stabilita. Stojí za zmínku, že ČNB nemá oficiální mandát k podpoře hospodářské soutěže ve finančním sektoru (CNB, 2022[37]).

ČNB si k inovacím v oblasti financí historicky zachovává technologicky neutrální přístup, podobně jako je tomu v ostatních zemích OECD. Podle ČNB musí tyto podmínky splňovat všichni poskytovatelé relevantních produktů a služeb bez ohledu na inovační aspekty těchto činností. V listopadu 2019 však ČNB zřídila kontaktní místo pro FinTech, jehož cílem je pomáhat řešit nejasné regulační otázky – včetně licenčních a dohledových – aby usnadnila dodržování povinností, které tazatelům ukládají právní předpisy o finančním trhu. Stanoviska ČNB poskytovaná prostřednictvím kontaktního místa nenahrazují oprávnění či schválení udělená v licenčním řízení a nejsou nijak závazná (CNB, 2022[38]).

1.3.2. Ministerstvo financí působí jako finanční regulátor

MFČR odpovídá za rozvoj politiky finančního trhu v oblasti kapitálových trhů a přípravu legislativy upravující kapitálové trhy, jakož i za přípravu podmínek pro projekty související s inovacemi. Ministerstvo financí ČR provádí pravidelné analýzy kapitálového trhu a zajišťuje členství ČR v mezinárodních finančních institucích a orgánech Evropské unie v oblasti kapitálového trhu (MFCR, 2022[39]).[7]

V roce 2019 představilo MFČR Národní strategii rozvoje kapitálového trhu v České republice 2019–2023. V rámci vládou schválené strategie bylo konstatováno, že české kapitálové trhy dostatečně neplní funkci efektivní alokace nevyužitých úspor podnikům, které potřebují financování, a že bankovní systém převažuje. Strategie pro rozvoj trhu mimo jiné požadovala větší rozmanitost nabídky financování malých a středních podniků s alternativami k bankovnímu financování a dotacím z Evropské unie, jakož i větší podporu inovací ve finančním sektoru (MFCR, 2019[19]). Pokud jde o regulační přístup, strategie zdůrazňuje potřebu odstranit zbytečnou regulační zátěž a náklady, s výjimkou těch, které vyplývají z požadavků práva EU. Kromě toho byla jako důležitá zdůrazněna regulační stabilita.

1.3.3. Posouzení stávajících regulačních a dohledových rámců ve vztahu k FinTechovým aktivitám

Vyčkávací přístup ČNB

Primární regulační rámec v České republice s ohledem na finanční sektor je stanoven regulačním rámcem EU. Pokud jde o inovace ve financích a o nové formy činnosti (např. crowdfunding), Česká republika dosud uplatňovala vyčkávací přístup. Vzhledem k tomu, že neexistuje nařízení EU specifické pro některé inovativní digitální finanční služby, kde stávající rámce nejsou použitelné, Česká republika se v minulosti vyhnula zavedení vlastního vnitrostátního legislativního rámce pro tyto služby. To často vedlo buď k tomu, že noví aktéři, včetně některých FinTechových společností, zůstali mimo regulační oblast, nebo k tomu, že se výklad stávajícího regulačního rámce rozšířil na nové služby a vyžadoval, aby poskytovatelé požádali o již definovanou licenci.

Vyčkávacího přístupu, který zaujali čeští tvůrci politik, by se dalo využít k zabránění roztříštěnosti v rámci EU a snížení regulační zátěže, zejména u inovačních činností v raných fázích vývoje a v okamžiku, kdy představují nízké systémové riziko. V průměru však regulační rámce pro alternativní financování na míru poskytují širší škálu povolených činností než již existující rámce a zároveň vytvářejí explicitnější povinnosti (World Bank and CCAF, 2019[40]). Předchozí empirické důkazy naznačují, že zavedení explicitní regulace významně zvyšuje objem maloobchodního crowdfundingu (Rau, 2020[41]).

Rozdíl mezi základními technologiemi používanými k poskytování tradičních finančních služeb a zcela novými finančními službami umožněnými inovativními technologiemi je stále nejasnější. Zavedení návrhu aktu o umělé inteligenci (AI) ze strany EU (European Commission, 2021[42]) lze určitým způsobem vnímat jako uznání toho, že úplná technologická neutralita nemusí být možná vzhledem k tomu, že některé technologie přinášejí do finančního sektoru zcela nová rizika. Naproti tomu regulace využila rozhraní pro programování aplikací (API) k vytvoření rámců pro otevřené bankovnictví v EU i jinde. Technologické inovace se dnes navíc prosazují i mimo finanční sektor a nefinanční firmy, jako jsou velké technologické společnosti, je replikují nebo přizpůsobují finančním službám. To výrazně mění složení aktérů finančního sektoru a představuje neustálou výzvu pro dohled, který je založen na subjektech, jako je například vnitřní rozdělení mezi útvary dohledu v rámci ČNB.

Podpora hospodářské soutěže je v současné době druhořadým cílem s možným dopadem na zájmy spotřebitelů

ČNB ani MFČR nemají oficiální mandát k podpoře hospodářské soutěže ve finančním sektoru, přestože ČNB považuje hospodářskou soutěž v sektoru poskytovatelů platebních služeb za součást svého poslání udržovat finanční stabilitu a důvěryhodnost (CNB, 2023[43]). Úřad pro ochranu hospodářské soutěže se řídí právní úpravou zákona č. 143/2001 Sb., o ochraně hospodářské soutěže.[8] Úřad se zaměřuje na vyšetřování protisoutěžního jednání a posuzování podílu fúzí na trhu. Hospodářská soutěž v sektoru finančních služeb nebyla v posledních letech v České republice v centru pozornosti (ÚOHS, 2023[44]). Pokud jde o FinTechové aktivity, mohlo by toto nedostatečné stanovení priorit umožnit zavedeným subjektům odstranit vstupní bariéry FinTechových společností, které souvisejí například s hlášenými obtížemi při přístupu k bankovním údajům spotřebitelů (viz sekce 1.2). Doplňková a rušivá role FinTechových společností vůči činnosti zavedených subjektů nemusí být českými orgány podporována a na jejich soulad s dodržováním předpisů v oblasti dohledu je většinou nahlíženo z hlediska mikroobezřetnosti, a dokonce z rizikového hlediska, než aby byly zohledněny jejich možné konkurenční výhody. Motivace spotřebitelů ke srovnávání možností finančních služeb („nakupování" finančních služeb) a poskytovatelů a oddělení produktů není součástí stávajících kampaní finanční gramotnosti.

Podle představitelů ČNB je problematika ochrany spotřebitele integrována do činnosti obou útvarů dohledu, přičemž tyto útvary potřebují vyvážit jak mikroobezřetnostní cíle a cíle ochrany spotřebitele, tak i požadavky pro boj proti praní peněz a financování terorismu (AML/CFT). Zpětná vazba od představitelů

ČNB naznačuje, že opatření v oblasti ochrany spotřebitele jsou často prováděna v reakci na stížnosti, zatímco šetření iniciovaná ČNB se nekonají často. Sledování poplatků a analýza organizačních aspektů trhu, jako jsou koncentrace trhu a vstupní bariéry, se podle ČNB nacházejí mimo rámec finančního dohledu ČNB.

České orgány by mohly zvážit úsilí o lepší sladění stávajícího rámce pro ochranu spotřebitele s doporučenými osvědčenými postupy. Podle zásad G20/OECD na vysoké úrovni pro ochranu spotřebitelů na finančním trhu *„by měly existovat orgány dohledu (specializované či nikoli) výslovně odpovědné za ochranu spotřebitelů na finančním trhu s potřebnými pravomocemi k plnění svých mandátů. Vyžadují jasné a objektivně definované povinnosti a řádnou správu, provozní nezávislost, odpovědnost za své činnosti, odpovídající pravomoci, zdroje a schopnosti, definovaný, účinný a transparentní rámec pro prosazování a jasné a jednotné regulační postupy."* (OECD, 2022[45]). Podle jiných osvědčených postupů týkajících se ochrany spotřebitele *„fungování jako samostatné oddělení [ochrany spotřebitele] poskytuje výhody nezávislosti a vyšší úrovně zdrojů a autority... Bez ohledu na organizační strukturu by mělo existovat jasné oddělení dohledu nad ochranou spotřebitelů na finančním trhu od obezřetnostního dohledu, jinak budou priority obezřetnostního dohledu často dominantní"* (Jaeger, Chien and Fathallah, 2014[46]).

Dohled v oblasti poskytovatelů platebních služeb

ČNB již od zavedení směrnice PSD2 v roce 2018 čelí zvýšené poptávce po autorizaci různých platebních subjektů, které mezi českými FinTechovými společnostmi představují prominentní sektor (CNB, 2020[47]). Současně ČNB vyjadřuje nespokojenost s kvalitou podaných žádostí a míra schválení je v platebním sektoru v posledních několika letech poměrně nízká. Pokud jde o dodržování předpisů AML/CFT v oblasti platebního styku, ČNB vyhodnotila, že velký počet nebankovních poskytovatelů platebních služeb byl v roce 2020 z tohoto pohledu rizikový (CNB, 2021[48]). Od přijetí současného zákona o platebním styku v roce 2018 klesá podle statistik ČNB počet malých i „velkých“[9] poskytovatelů nebankovních platebních služeb. Prudce poklesl zejména počet malých poskytovatelů platebních služeb, kteří před rokem 2018 potřebovali pouze registraci, a nikoli licenci (Obrázek 1.8). Míra pozastavených řízení nebo zamítnutých žádostí je v odvětví plateb vyšší než v jiných sektorech finančního trhu (OECD, 2022[1]).

ČNB zjistila, že malé platební instituce a malí vydavatelé elektronických peněz pro své podnikatelské aktivity využívají domácí legislativní prostředí, aniž by často měli alespoň minimální vazby na český trh, ať už z hlediska vlastnictví, nebo z hlediska klientely (CNB, 2021[48]). Kontroly na místě odhalily opakující se nesrovnalosti mezi podnikatelskými záměry předloženými v licenčním řízení a skutečnou činností subjektu a nedostatky vyplývající z formální úpravy postupů a činností ve vnitřních předpisech, které neodpovídají skutečnému fungování těchto subjektů (CNB, 2021[48]).

Lhůty pro schvalování licencí pro platební instituce a malé platební instituce byly v roce 2021 ve srovnání s jinými typy licencí vydaných ČNB nejdelší, a to v průměru 25 měsíců a 18,3 měsíce. Pro srovnání, průměrná délka řízení ukončených v roce 2021 u úvěrových institucí a nebankovních poskytovatelů spotřebitelských úvěrů činila 13,1 a 14,1 měsíce. Kromě toho byla míra žádostí o tyto typy licencí, a zejména licence malých platebních institucí, v posledních letech vysoká.

Obrázek 1.8. Přehled regulovaných a registrovaných platebních institucí a institucí elektronických peněz v České republice

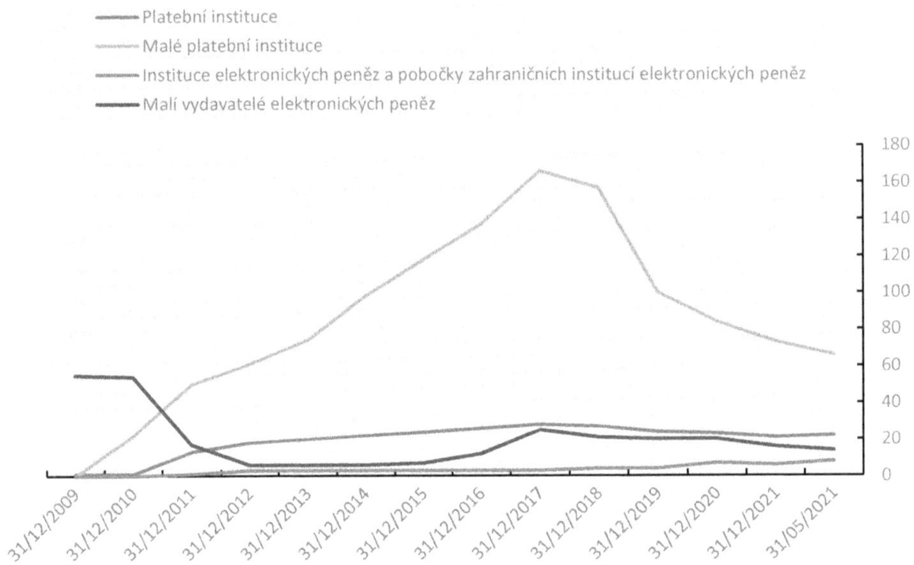

Zdroj: Na základě údajů ČNB (2022[49]), Seznamy regulovaných a registrovaných subjektů finančního trhu, https://apl.cnb.cz/apljerrsdad/JERRS.WEB07.INTRO_PAGE?p_lang=cs.

Nedostatek spolupráce by mohly částečně vysvětlit kulturní rozdíly mezi ČNB a FinTechovými společnostmi

Kultura organizace může být těžko definovatelným pojmem, natož kvantifikovatelným. Regulační pravidla nezahrnují určování kultury podniků. Dominantní kultura mezi finančními regulátory a orgány dohledu v České republice byla formulována finančními událostmi v minulosti a je dána právními cíli každé organizace. Cílem ČNB v oblasti dohledu, jak je definován zákonem, je zajistit finanční stabilitu a bezpečné a zdravé fungování finančního systému v České republice a přispět tak k dosažení jejího primárního cíle, kterým je cenová stabilita. Hlavními složkami funkční organizace dohledu jsou obezřetnostní dohled, dohled nad výkonem činnosti a také dohled v oblasti boje proti praní peněz a financování terorismu. Volba konkrétní organizační struktury finančního dohledu s sebou nese kompromisy a žádná struktura není považována za nadřazenou. Navzdory výhodám integrovaného dohledu vyžadují obezřetnostní dohled a dohled nad výkonem činnosti v tomto ohledu různé přístupy a kultury a jedna instituce nemusí být dostatečně flexibilní, aby mohla účinně obsáhnout obojí (Llewellyn, 2006[50]). Jasná autonomie a nezávislost oddělení ochrany spotřebitele v rámci integrovaného regulačního orgánu / orgánu dohledu by mohla toto napětí zmírnit alespoň v rámci průběžného dohledu nad subjekty.

Kulturní rozdíly mezi ČNB a FinTechovými společnostmi mohou částečně vysvětlit určité obtíže ve spolupráci obou stran, které se týkají udělování licencí a dohledu v sektoru poskytovatelů platebních služeb, což bylo zmíněno výše. Výsledky dotazníku OECD (2022[1]) zaměřeného na české FinTechové společnosti ukazují, že nejčastějšími problémy pro rozvoj FinTechových společností jsou nedostatečná regulační jasnost, získání licence od ČNB a byrokracie.

1.4. Zjištění dotazníku OECD

V červnu 2022 spustila OECD (2022[1]) online otevřený dotazník o FinTechových aktivitách v České republice. K 25. srpnu 2022 poskytlo podrobné odpovědi na tento dotazník 22 FinTechových společností z celkového počtu přibližně 100 českých FinTechových společností. Tyto společnosti mají sídlo v České republice nebo na Slovensku a 42 % těchto FinTechových společností se zaměřuje pouze na český trh. Pokud jde o geografii působení, více než polovina má sídlo v České republice, ale stejně tak polovina respondentů z řad FinTechových společností působí na celoevropské úrovni prostřednictvím práva na pasportizaci.[10] Skutečnost, že zahraniční FinTechové společnosti ze zemí mimo EU mohou těžit z relativně nižší regulační zátěže a kořistnické firmy se mohou usazovat na českém trhu, představuje pro české orgány vzhledem k potenciálním rizikům pro bezpečnost zákazníků a ochranu investorů možný problém (OECD, 2022[1]).

Většina respondentů navíc působí v oblasti plateb a poskytování služeb elektronických peněz a velká část respondentů se nachází v počáteční fázi svého životního cyklu. Společnosti v počáteční a rané fázi jsou obvykle ty, které ze spolupráce a interakce s mentory z odvětví a vládními úředníky těží nejvíce (World Bank, 2022[51]), protože jim pomáhají orientovat se v regulačních požadavcích a učit se ze zkušeností veteránů.

1.4.1. Dostupnost dat je pro FinTechové společnosti klíčová a většinou je možná prostřednictvím rozhraní API

Přístup k datům má pro FinTechové společnosti zásadní význam a data jsou jádrem většiny FinTechových aktivit (např. obchodní modely založené na umělé inteligenci v obchodování, půjčky, financování založené na blockchainu (OECD, 2021[52]). FinTechové společnosti vycházejí z technologií a kombinují pružnost startupů se zpracováním dat a schopnostmi zpracování. Více než 60 % respondentů v dotazníku OECD uvedlo, že přístup k finančním i nefinančním údajům je pro rozvoj jejich podnikání přínosný (Obrázek 1.9). Z průzkumu OECD vyplývá, že většina inovací, které respondenti z řad českých FinTechových společností využívají, souvisí s daty, sdílením dat a využitím dat pro vývoj produktů a služeb. 91 % firem používá API pro přístup k datům, více než polovina respondentů využívá data velkého objemu (tzv. big data) a 68 % firem využívá cloud computing – vše souvisí s daty, která jsou jádrem jejich obchodního modelu (Obrázek 1.9).

Obrázek 1.9. Vnímání dostupnosti dat a typů použitých inovací ze strany českých FinTechových společností

V počtu firem odpovídajících na dotazník OECD z roku 2022

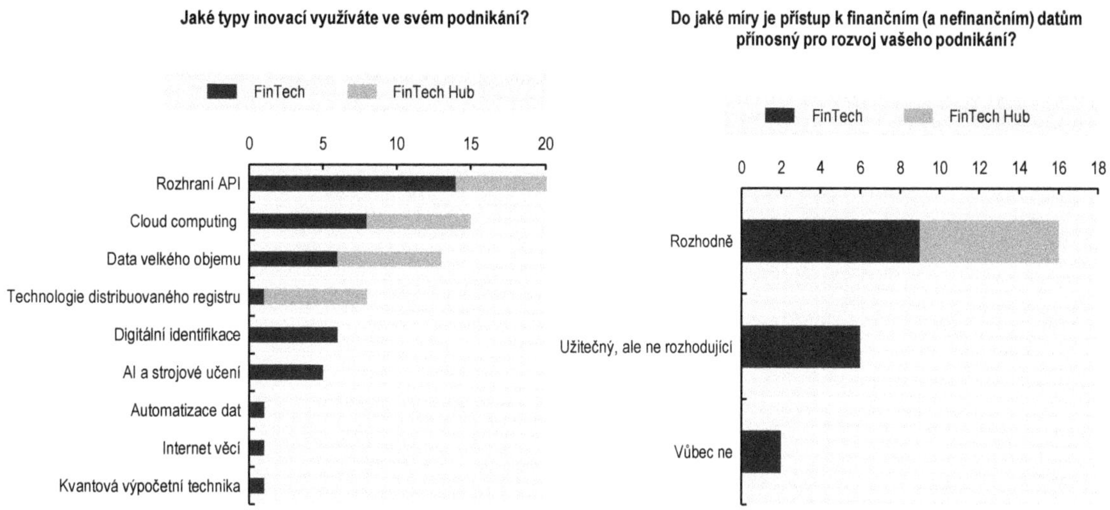

Poznámka: FinTech Hub je asociace, jejímž cílem je zvýšit úroveň inovací a konkurenceschopnosti digitálního trhu v České republice a střední Evropě. Tato kategorie zahrnuje sedm odpovědí od FinTechových společností, které působí pod její záštitou.
Zdroj: OECD (2022[1]), The FinTech Ecosystem in the Czech Republic, https://doi.org/10.1787/068ba90e-en.

Vzhledem ke klíčové úloze, kterou data hrají ve FinTechových inovacích, by nerovný přístup k datům a potenciální dominantní postavení několika velkých aktérů při získávání dat velkého objemu mohly snížit schopnost menších subjektů soutěžit na trhu s produkty a službami založenými na FinTechových inovacích (OECD, 2021[52]). Za tímto účelem může větší dostupnost dat přispět k rozvoji začínajících společností s možným příznivým dopadem na podmínky hospodářské soutěže na finančních trzích.

Zavedené finanční společnosti mají obvykle nákladnou starší a potenciálně zastaralou infrastrukturu a spíše neefektivní procesy spojené s touto infrastrukturou, což v kombinaci s kulturní neochotou ke změně může bránit interním FinTechovým inovacím nebo je zpomalit. Vzhledem k tomu, že FinTechové společnosti pracují s daty třetích stran, vytváří se vzájemná závislost s poskytovateli dat a digitálních služeb, která by pro systém mohla představovat nová rizika, jako je koncentrace na nové dominantní neregulované subjekty. Zrychlené přijímání digitálních technologií a produktů a služeb finančních technologií ze strany zákazníků, jakož i zvýšená poptávka po těchto produktech, zejména od pandemie COVID-19, vedou ke spolupráci mezi zavedenými finančními institucemi a FinTechovými společnostmi, která jim může usnadnit přístup k údajům.

Většina respondentů v dotazníku zdůraznila důležitost přístupu k finančním údajům pro své podnikání (80 %) a více než 50 % poukázalo na potřebu přístupu k osobním údajům, které slouží k personalizaci produktů a služeb, spolu s nefinančními údaji (59 %), což potenciálně podnítí finanční začlenění zákazníků s nedostatkem prostředků (levá strana Obrázek 1.10).

Nejčastější formou nástroje umožňujícího dostupnost dat pro FinTechové společnosti jsou rozhraní API (86 %), a to spolu s agregátory a speciálními nákupy od specializovaných firem (59 %). Screen scraping (vlastní produkce dat) je také častou formou sběru dat, kterou využívá 55 % respondentů dotazníku (pravá strana Obrázek 1.10).

Pokud jde o FinTechové společnosti, které sdílejí svá vlastní data, 77 % respondentů uvedlo, že z různých důvodů nesdílejí data nad rámec toho, co vyžaduje zákon. U větších firem jsou data součástí jejich klíčových vstupů; u začínajících firem data zatím nejsou součástí jejich monetizace."

I když se jedná o sdílení dat zabezpečené formálními regulačními ujednáními a rámci, jako je PSD2, dostupnost dat není zaručena. Více než 45 % firem, které na dotazník OECD odpověděly, mělo problémy s přístupem k údajům o zákaznících od finančních zprostředkovatelů. Problémy vysvětlují technické a strategické důvody: respondenti uvedli, že externí rozhraní API v mnoha případech nefungují správně, zatímco jiní tvrdili, že banky by měly být ze zákona povinny digitálně podepisovat dokumenty.

Úlohou tvůrců politik je snížit překážky vstupu na trh omezením zneužívajících dominantních praktik, které brání hospodářské soutěži a vytvářejí rizika koncentrace trhu se škodlivým dopadem na spotřebitele na finančním trhu, jakož i systémová rizika. Přinejmenším by měly být podporovány stávající rámce pro ujednání o sdílení dat a mělo by být zajištěno jejich správné provádění.

Obrázek 1.10. Potřeby dat uvedené českými FinTechovými společnostmi

V počtu firem odpovídajících na dotazník OECD z roku 2022

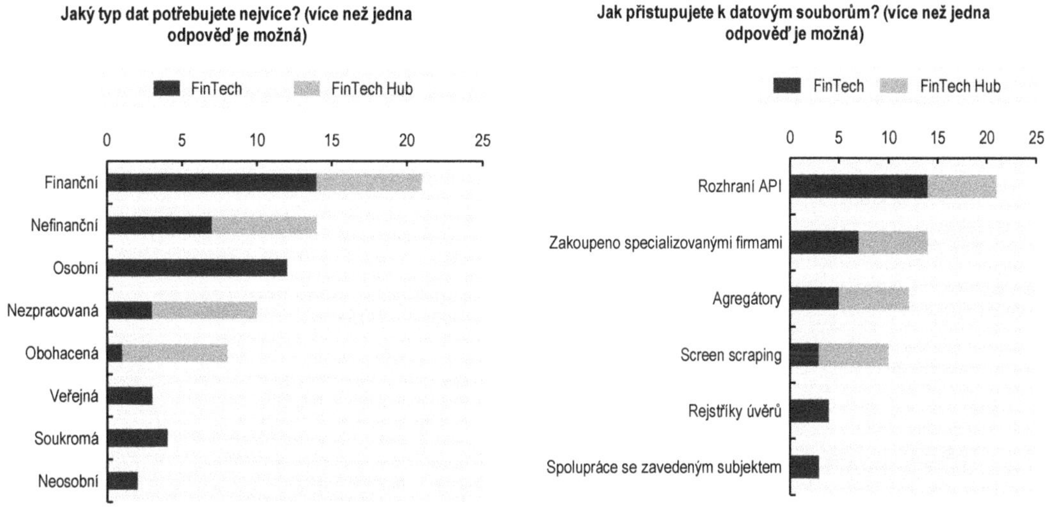

Poznámka: FinTech Hub je asociace, jejímž cílem je zvýšit úroveň inovací a konkurenceschopnosti digitálního trhu v České republice a střední Evropě. Tato kategorie zahrnuje sedm odpovědí od FinTechových společností, které působí pod její záštitou.
Zdroj: OECD (2022[1]), The FinTech Ecosystem in the Czech Republic, https://doi.org/10.1787/068ba90e-en.

1.4.2. Nahlášené překážky pro FinTechové inovace především v regulaci

Stávající celoplošná regulace finančních služeb zajišťuje integritu trhu a ochranu spotřebitele a podporuje finanční stabilitu (OECD, 2022[53]). Z hlediska odvětví poskytuje právní jistotu, která společnostem s inovativními obchodními modely umožňuje rozvíjet se a růst. Zároveň je dodržování právních předpisů mladými začínajícími podniky obvykle vnímáno jako překážka vzhledem k souvisejícím nákladům a časovým závazkům (World Bank, 2022[51]; OECD, 2020[21]), ačkoli panuje jednomyslná shoda na tom, že regulace je nezbytná pro zajištění bezpečnosti zákazníků a zachování stability systému. Podle zjištění dotazníku OECD se nejvýznamnější hlášené překážky FinTechových inovací v České republice týkají regulace: nedostatečná regulační jasnost (68 %), byrokracie (64 %) a požadavky na udělování licencí a dohled (64 %), po kterých následují vstupní bariéry (55 % respondentů) (Obrázek 1.11) (World Bank, 2020[54]). Podle českého průzkumu OECD z roku 2020 trvá řešení obchodních sporů („vymáhání smluv") déle, než je průměr v OECD, a pro společnosti je nákladnější (OECD, 2020[21]).

Pro 11 % respondentů je problematické hledání a udržení talentů, což by mohlo souviset se skutečností, že tyto společnosti používají inovativní technologie a mechanismy, které vyžadují specializované dovednosti vysoce kvalifikovaných zaměstnanců. Nicméně pokud jde o dovednosti v oblasti digitalizace, patří Česká republika do skupiny zemí OECD, které se vyznačují nejvyšší úrovní dovedností (Citibank, 2022[55]). V roce 2020 Evropská komise ve své zprávě o České republice uvedla, že ačkoli se české orgány zavázaly k rozvoji a integraci nových digitálních technologií, je toto úsilí brzděno trvale nízkou úrovní dovedností. Česká republika například stále zaostává za příhraničními členskými státy, pokud jde o výzkum a patentové činnosti v této oblasti (European Commission, 2020[56]).

Přístup k financování je jednou z nejčastějších překážek podnikání v mnoha zemích OECD a rozvojových ekonomikách (OECD, 2015[57]) a také uváděným problémem rozvoje českých FinTechových společností (Obrázek 1.11. Celkově může nedostatek finančních prostředků pro malé a střední podniky pramenit z toho, že se příliš spoléhají na kanál pro zprostředkování bankovních úvěrů, což může být zejména v dobách krize omezující. Dalšími problémy jsou nedostatečné povědomí o alternativních zdrojích financování a neochota zakladatelů a podnikatelů vzdát se vlastnictví výměnou za kapitálové financování. Pokud jde o tržní dluhové financování, mají malé a střední podniky v porovnání s velkými společnostmi při získávání tohoto typu financování značné strukturální nevýhody, a to vzhledem k velikosti obchodů a související ekonomice malých transakcí a nepřiměřeným nákladům spojeným s těmito emisemi (Nassr and Wehinger, 2015[58]). Evropská komise rovněž doporučila podpořit malé a střední podniky prostřednictvím většího využívání finančních nástrojů k zajištění podpory likvidity, snížení administrativní zátěže a zajištění přístupu k financování pro inovativní společnosti (European Commission, 2020[56]).

Obrázek 1.11. Problémy, kterým české FinTechové společnosti čelí

V počtu firem odpovídajících na dotazník OECD z roku 2022

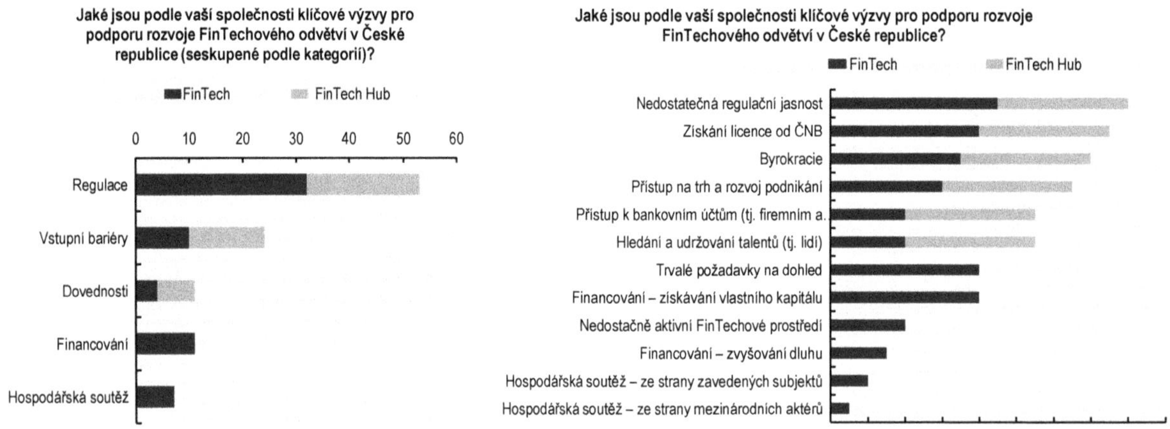

Poznámka: Je možná více než jedna odpověď. FinTech Hub je asociace, jejímž cílem je zvýšit úroveň inovací a konkurenceschopnosti digitálního trhu v České republice a střední Evropě. Tato kategorie zahrnuje sedm odpovědí od FinTechových společností, které působí pod její záštitou.
Zdroj: OECD (2022[1]), The FinTech Ecosystem in the Czech Republic, https://doi.org/10.1787/068ba90e-en.

Může být zapotřebí vyjasnit postupy pro regulační procesy, jako je udělování licencí a povolování, anebo informovat nové subjekty vstupující na trh o platných regulačních rámcích, zejména v oblastech FinTechových inovací, s cílem řešit některé z uváděných překážek rozvoje finančních technologií. Zajímavé je také to, že většina českých FinTechových společností působí v neregulovaných odvětvích. Vnímaná regulační zátěž doložená dotazníkem OECD by mohla FinTechové společnosti dále motivovat k rozvoji činnosti v neregulovaných odvětvích, aby se této zátěži vyhnuly. Za jednu z hlavních překážek startupů v České republice označila Evropská komise také složitý administrativní postup založení (European Commission, 2022[59]). Komise proto doporučila, aby české orgány odstranily překážky, které brání rozvoji plně funkčního inovačního prostředí (European Commission, 2019[60]).

Dalším problémem, na který respondenti z řad FinTechových společností upozorňují, jsou otázky přístupu na trh a rozvoj podnikání (OECD, 2022[1]). Regulatorní sandboxy jsou jedním z politických nástrojů, které společnostem pomáhají překonat problémy týkající se přístupu na trh, neboť vytvořením otevřeného dialogu mezi regulačním orgánem a podnikem zajišťují pružnost dohledového a regulačního rámce (World Bank, 2020[61]; 2020[62]). Regulatorní sandboxy jsou skutečně prospěšné pro obě strany: inovátorům umožňují testovat v malém měřítku jejich produkty, služby a prováděcí mechanismy (jak dokládají zkušenosti Spojeného království) a zároveň poskytují regulačnímu orgánu informace o vývoji, trendech a vznikajících rizicích (Bromberg, Godwin and Ramsay, 2017[63]; World Bank, 2020[64]; Kalifa, 2021[65]; World Bank, 2020[62]).

1.4.3. České FinTechové společnosti jsou silně závislé na osobních zdrojích financování

Jeden z problémů pro FinTechové společnosti v České republice představuje přístup k financování (viz sekce 1.2). Na základě odpovědí na dotazník OECD jsou hlavním investičním zdrojem pro české FinTechové společnosti osobní zdroje (37 % respondentů), což je stejné u startupů a malých a středních podniků využívajících vlastní zdroje a finanční prostředky přátel a rodiny (Berger and Udell, 2003[66]). Čeští podnikatelé spoléhají především na vlastní zdroje a počáteční kapitál (podle nedávného průzkumu si 68 % společností zajistilo počáteční kapitál z vlastních zdrojů, zatímco pouze 48 % dokázalo najít investora (Deloitte Česká Republika, 2022[67]). 14 % startupů získalo počáteční finanční prostředky od rodiny nebo příbuzných a přátel, zatímco 5 % si vzalo půjčku od banky.

Domácí financování rizikového kapitálu se ve skupině respondentů (18 %) zdá být druhým nejdůležitějším zdrojem financování. V kombinaci s mezinárodním rizikovým kapitálem se tento zdroj financování stává ve skupině tím nejpoužívanějším (33 % kombinovaného rizikového kapitálu). Tyto odpovědi odrážejí nárůst aktivity v oblasti rizikového kapitálu ze strany domácích fondů v České republice, i když v zemi ve srovnání s úrovněmi pozorovanými ve zbytku Evropy stále existuje prostor pro další rozvoj financování rizikového kapitálu (viz sekce 1.2). České FinTechové společnosti také hledají rizikový kapitál jako svůj hlavní investiční zdroj do budoucna (Obrázek 1.12).

Je třeba rovněž poznamenat, že žádná z FinTechových společností, které odpověděly na dotazník OECD, neobdržela finanční prostředky z veřejného sektoru (místního nebo vnitrostátního) (Obrázek 1.12).

Většina respondentů má na Českou republiku jako na snadné místo pro získávání investic neutrální nebo příznivý názor (OECD, 2022[1]). K tomuto tvrzení lze učinit opatrnou poznámku, protože na dotazník OECD odpověděly pouze FinTechové společnosti, které úspěšně získaly finanční prostředky na své inovace, takže je zde možné zkreslení z hlediska přežití a výběru vzorků (Keogh and Johnson, 2021[68]).

Obrázek 1.12. Přístup českých FinTechových společností k financování, 2022

Poznámka: FinTech Hub je asociace, jejímž cílem je zvýšit úroveň inovací a konkurenceschopnosti digitálního trhu v České republice a střední Evropě. Tato kategorie zahrnuje sedm odpovědí od FinTechových společností, které působí pod její záštitou.
Zdroj: OECD (2022[1]), The FinTech Ecosystem in the Czech Republic, https://doi.org/10.1787/068ba90e-en.

Další zajímavý postřeh z odpovědí na dotazník OECD se týká výstupní strategie odpovídajících FinTechových společností. Většina FinTechových společností uvádí, že podniká proto, aby je převzaly zavedené nebo větší FinTechové společnosti / velké technologické společnosti (fúze a akvizice představují více než 64 % odpovědí). Ačkoli je to pochopitelné, nepřispívá to ke zvýšení hospodářské soutěže na trhu finančních služeb a platí tu podmínky akvizic (OECD, 2022[1]).

1.4.4. České FinTechové společnosti mají zájem o regulatorní sandbox

Více než 77 % respondentů dotazníku OECD se domnívá, že by zavedení regulatorního sandboxu v České republice bylo přínosné. Podle průzkumu OECD by 73 % respondentů z řad FinTechových společností mělo zájem o sandbox se zaměřením na data, pokud by měl být k dispozici (Obrázek 1.13). Dvě třetiny z nich by měly zájem pouze v závislosti na podmínkách takového sandboxu. To zdůrazňuje důležitost dobře promyšleného návrhu a struktury jakéhokoli budoucího uspořádání sandboxu. Rovněž to poukazuje na možný nedostatek jasného pochopení toho, co sandbox ze strany FinTechových společností obnáší, což podtrhuje důležitost jasné komunikace a požadovaného vzdělávacího úsilí, které může být nutné v tomto ohledu vyvinout.

Uspořádání sandboxu umožňují podnikům testovat inovativní finanční produkty a služby a rozvíjet obchodní modely založené na využívání inovativních technologií a mechanismů, s výhradou zvláštních pravidel uplatňovaných příslušnými orgány dohledu. Ačkoli sandboxy mohou zahrnovat využívání zákonem stanovených diskrečních pravomocí ze strany orgánů dohledu, základním předpokladem pro regulatorní sandbox je, že společnosti jsou povinny dodržovat všechna příslušná pravidla vztahující se na činnost, kterou vykonávají (BIS, 2018[69]). Sandboxy navíc neznamenají neuplatňování regulačních požadavků, které musí být uplatňovány na základě práva EU (ESMA, EBA and EIOPA, 2019[70]).

Obrázek 1.13. Vnímaný zájem o regulatorní nebo datový sandbox

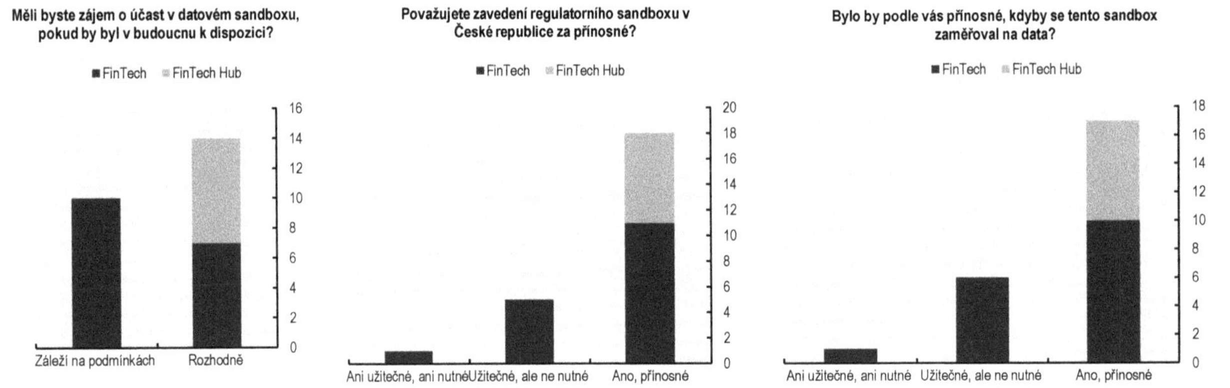

Poznámka: FinTech Hub je asociace, jejímž cílem je zvýšit úroveň inovací a konkurenceschopnosti digitálního trhu v České republice a střední Evropě. Tato kategorie zahrnuje sedm odpovědí od FinTechových společností, které působí pod její záštitou.
Zdroj: OECD (2022[1]), The FinTech Ecosystem in the Czech Republic, https://doi.org/10.1787/068ba90e-en.

Regulatorní sandboxy mohou podpořit inovace ve finančním sektoru a zároveň umožnit orgánům dohledu sledovat a řešit vznikající rizika spojená se zaváděním inovativních technologií v oblasti financí, přičemž se přínosy rozšíří na všechny zúčastněné strany. Orgánům dohledu umožňují lépe porozumět tomu, jak inovativní mechanismy zavedené FinTechovými společnostmi mohou změnit rizikový profil určitých finančních činností, což naopak může mít pozitivní vliv na vypracování odpovídajících politických reakcí na tyto inovace. Důležité je, že pro FinTechové společnosti snižují regulační nejistotu a mohou pomoci snížit vnímanou regulační zátěž, která byla zjištěna v průzkumu OECD o FinTechových společnostech v České republice. Pokud jde o financování, empirické důkazy naznačují příznivý dopad účasti v sandboxu na získávání finančních prostředků pro společnosti a usnadnění přístupu k financování, což bylo zdůrazněno jako jedna z nejdůležitějších překážek zakládání a růstu malých a středních podniků v České republice i mimo ni (Cornelli et al., 2020[71]). Sandboxy mohou rovněž podporovat hospodářskou soutěž a umožnit vývoj nových produktů a služeb, diverzifikovat nabídku finančních služeb pro spotřebitele a případně podpořit finanční začlenění nebo jiné politické cíle, jako je udržitelnost (FCA, 2022[72]).

Pokud jde o datový sandbox, mohl by koncepčně zahrnovat kontrolované prostředí, ve kterém by FinTechové společnosti mohly testovat inovace založené na sdílení dat, využití dat a obchodních modelech, které jsou silně závislé na datech, a to bez regulatorní složky sandboxu. V kontrolovaném prostředí datového sandboxu by se například mohly plánovat vývoj, testování a validace produktů založených na umělé inteligenci a modely založené na strojovém učení nebo vývoj činností založených na technologii distribuovaného registru pro zaznamenávání a analýzu velkých objemů (nestrukturovaných) dat. Orientačně by takový datový sandbox mohl poskytovat skutečné a syntetické datové soubory dostupné prostřednictvím sandboxu nebo shromážděné prostřednictvím volání API nebo by mohl spočívat v úsilí o kolektivní shromažďování těchto datových souborů ve spolupráci se zúčastněnými společnostmi a v závislosti na jejich potřebách.

1.5. Příležitosti pro tvůrce politik řešit problémy a odstraňovat nedostatky pomocí osvědčených postupů

Aby bylo možné dodržet zákonné mandáty orgánů dohledu – tj. zajistit integritu trhu, zajistit finanční stabilitu, chránit spotřebitele – a zároveň uvolnit potenciál dat ve finančních službách a stimulovat inovace ve finančním sektoru, je zásadní zabývat se klíčovými charakteristikami a osvědčenými postupy v oblasti FinTechových politik a dat v oblasti financí.

FinTechové společnosti mají potenciál podpořit hospodářský růst, vytvářet kvalifikovaná pracovní místa a využít sílu dat ve prospěch klientů. Díky pravidlům pro přenositelnost dat v kontextu otevřeného bankovnictví umožňují produkty vyvinuté v oblasti finančních technologií zákazníkům využívat levnější nebo personalizovanější služby a snadněji měnit poskytovatele finančních služeb. FinTechové společnosti jsou obecně považovány za zásadní zprostředkovatele účinnějších a konkurenceschopnějších finančních trhů, jakož i rozšíření přístupu k úvěrům pro osoby, které v minulosti neměly dostatečný přístup ke službám (OECD, 2022[27]).

Existují náznaky toho, že současný dialog mezi ČNB a FinTechovými společnostmi nemusí být optimální a prospělo by mu lepší nastavení pro konstruktivní dialog a výměnu informací, což by bylo přínosné pro obě strany. FinTechové společnosti uvádějí jako hlavní překážky své činnosti regulační požadavky a dohledová opatření, zatímco představitelé ČNB projevují nespokojenost se žádostmi o licence a také nedostatečnou připravenost. To tvůrcům politik přináší příležitosti k řešení hlavních překážek ve FinTechovém prostředí. S ohledem na osvědčené postupy jsou současné české postupy analyzovány a možné nedostatky a problémy jsou zaznamenávány. Zjištěné nedostatky tvoří základ doporučení pro zvážení implementace zprostředkovatele inovací v podobě regulatorního sandboxu jako jedné z cest, jak zmírnit některé z nejdůležitějších nedostatků a problémů rozvoje finančních technologií v České republice.

1.5.1. Regulatorní sandboxy jako nástroj pro optimalizaci komunikace mezi orgány a FinTechovými společnostmi

Zatímco ČNB projevuje nespokojenost s žádostmi o licence FinTechových společností a u regulace/dohledu nad novými formami činnosti zastává vyčkávací přístup, FinTechové společnosti vnímají jako hlavní překážky svého rozvoje regulační a dohledové otázky a jako hlavní problém uvádějí regulační nejasnost. To během podávání žádostí o licenci vede k několika kolům formalizovaných výměn mezi oběma stranami, což přispívá k delšímu povolovacímu procesu. Vzhledem k tomu, že FinTechové společnosti jsou často malé podniky, které nemají tak velké finanční prostředky jako jejich zavedené protějšky, je rychlost uvedení na trh nezbytně nutná a zpomalení tohoto procesu by mohlo ohrozit jejich finanční životaschopnost.

Individualizované poradenství, které může mít podobu větší transparentnosti a jasných pokynů pro přípravu na podání žádosti o licenci, by bylo přínosem pro jednotlivé FinTechové společnosti i pro orgány. Zatímco FinTechové společnosti by v důsledku toho mohly přijímat informovanější rozhodnutí, identifikovat potenciální příležitosti, rozvíjet strategie na míru a zajišťovat soulad s platnými předpisy, regulační orgány by mohly lépe sledovat činnosti FinTechových společností a zajistit soulad s platným regulačním rámcem, aniž by obcházely jakákoli pravidla. Současné kontaktní místo ČNB pro FinTech, i když je z kvalitativního hlediska zcela adekvátní, může být z hlediska kapacity nedostatečné a možná neschopné pokrýt budoucí a pravděpodobně rostoucí poptávku po poradenství ze strany FinTechových společností, a to s ohledem na nově připravované předpisy v prostoru EU (nařízení o trzích kryptoaktiv (MiCA), pilotní režim technologie distribuovaného registru (DLT), návrh aktu o umělé inteligenci (AI)).

Určitá forma zprostředkovatele inovací by mohla být způsobem, jak podpořit šíření porozumění a znalostí předpisů, dohledu a norem a zároveň informovat regulační orgány / orgány dohledu o dopadech předpisů, a tím podpořit inovace nejen na trhu, ale také v rámci regulačních orgánů / orgánů dohledu. Při pokračujícím uplatňování stávajících pravidel a předpisů mohou zprostředkovatelé inovací zvýšit právní jistotu, aniž by obcházeli pravidla pro FinTechové společnosti.

Podle společné zprávy evropských orgánů dohledu (ESA) o regulatorních sandboxech a inovačních centrech (ESMA, EBA and EIOPA, 2019[70]) byly v Evropské unii určeny dvě hlavní kategorie zprostředkovatelů inovací:

- Inovační centra: tato centra poskytují specializovaný kontaktní bod, na jehož základě mohou podniky vznášet dotazy u příslušných orgánů týkající se finančních technologií a usilovat o nezávazné pokyny ohledně souladu inovativních finančních produktů, finančních služeb nebo obchodních modelů s licenčními nebo registračními požadavky a očekáváními v oblasti regulace a dohledu.
- Regulatorní sandboxy: poskytují systém, který podnikům umožňuje testovat inovativní finanční produkty, finanční služby nebo obchodní modely podle zvláštního plánu testování schváleného a monitorovaného specializovanou funkcí příslušného orgánu. Sandboxy mohou rovněž znamenat využívání zákonem stanovených diskrečních pravomocí ze strany příslušného orgánu dohledu (přičemž využívání závisí na příslušných platných unijních a vnitrostátních předpisech), ale sandboxy neznamenají neuplatňování regulačních požadavků, které musí být uplatňovány na základě práva EU.

Obecná analýza silných a slabých stránek, příležitostí a hrozeb

Potenciální přínosy zprostředkovatelů inovací jsou členy OECD široce uznávány. Regulatorní sandboxy jsou vhodným přístupem k řešení rychlého technologického vývoje na evropském trhu. Nedávná studie Evropské komise uvádí, že jsou nezbytné v oblastech, jako jsou finanční technologie, aby se zabránilo předčasnému vyloučení z trhu u vznikajících obchodních modelů, které nejsou v souladu se stávajícími regulačními rámci, aniž by tyto modely měly příležitost prokázat, že mohou nabídnout odpovídající úroveň ochrany uživatelů (European Commission, 2019[73]).

Případná slabá stránka zprostředkovatele může vyplývat z nevhodně zvoleného designu. To znamená buď návrh, který neposkytuje dostatečně přitažlivé funkce řešící potřeby FinTechových společností, nebo návrh, který neodpovídá charakteristikám tržního prostředí místních FinTechových společností a širších finančních služeb. Z tohoto důvodu je před doporučením specifických konstrukčních charakteristik nutná rozsáhlá analýza, aby byla zajištěna proveditelnost doporučeného návrhu.

Regulatorní sandboxy mohou poskytnout příležitost k pokroku v regulaci prostřednictvím proaktivního učení v oblasti regulace, což regulačním orgánům umožní získat lepší znalosti o této oblasti a nalézt nejlepší prostředky k regulaci inovací na základě praktických důkazů (European Union, 2020[74]).

Regulatorní sandboxy musí zároveň dodržovat zásady subsidiarity a proporcionality, jakož i zásady předběžné opatrnosti, a podporovat jejich uplatňování (European Union, 2020[74]). Řádný rámec pro správu a odpovědnost zprostředkovatele inovací má zásadní význam pro to, aby regulační orgán mohl interně hodnotit výkonnost a úspěchy zprostředkovatele inovací, jakož i pro účely odpovědnosti (European Parliament, 2020[75]).

Hodnocení životaschopnosti

O přínosech zprostředkovatelů inovací pro trhy svědčí mnoho takových iniciativ, které byly přijaty na základě několikaletých zkušeností v celé Evropské unii i globálně. Několik ekonomik OECD se rozhodlo pro přístup regulatorního sandboxu s cílem regulovat finanční technologie a zároveň posílit inovační prostředí a zachovat stabilitu finančního sektoru. Regulatorní sandboxy jsou spojovány s FinTechovými inovacemi (World Bank, 2020[62]). Regulatorní sandbox by mohl poskytnout prostředí otevřeného dialogu pro posouzení motivací, obchodních modelů a společného chápání FinTechových aktivit a regulačních opatření (ESMA, EBA and EIOPA, 2019[70]). Jurisdikcí, která historicky vedla vývoj, je Spojené království, kde byl v roce 2016 implementován vůbec první sandbox. Dalším významným příkladem v regulaci FinTechových inovací je Singapur, kde byl politický záměr Singapurského měnového úřadu (MAS) založen na vyváženém přístupu při podpoře finančního rozvoje a zajišťování bezpečného, zdravého finančního sektoru a v souladu s jeho cílem, kterým je využívat technologie a zlepšovat efektivitu finančních trhů (Fan, 2018[76]). Ve vyspělých ekonomikách dohlíží na regulační sandbox centrální banka, orgán finančního dohledu nebo regulátor trhů s cennými papíry (viz Tabulka 1.1).

Tabulka 1.1. Uspořádání sandboxu napříč ekonomikami OECD i mimo OECD

Země	Typ regulačního orgánu	Rok implementace
Spojené království	Orgán finančního dohledu	2016
Austrálie	Regulátor trhů s cennými papíry	2016
Singapur	Centrální banka	2016
Kanada	Regulátor trhů s cennými papíry	2017
Japonsko	Orgán finančního dohledu, jiný vládní orgán	2017
Nizozemsko	Centrální banka, orgán finančního dohledu	2017
Litva	Centrální banka	2018
Norsko	Ministerstvo financí	2018
Švýcarsko	Orgán finančního dohledu, jiný vládní orgán	2018
Tchaj-wan	Orgán finančního dohledu	2018
Dánsko	Orgán finančního dohledu	2019
Jižní Korea	Regulátor trhů s cennými papíry, orgán finančního dohledu	2019
Rakousko	Orgán finančního dohledu	2019
Dánsko	Orgán finančního dohledu	2019
Španělsko	Španělská centrální banka	2020
Maďarsko	Centrální banka	2020
Polsko	Orgán finančního dohledu a Ministerstvo financí	2020
Řecko	Centrální banka	2021
Itálie	Centrální banka, regulátor trhů s cennými papíry, orgán dohledu nad pojišťovnictvím a Ministerstvo financí a hospodářství	2021
Lotyšsko	Orgán finančního dohledu	2021

Země	Typ regulačního orgánu	Rok implementace
Slovenská republika	Centrální banka	2022

Zdroj: Prezentace přednesená na workshopu OECD v Praze dne 24. listopadu 2022.

Aby bylo zajištěno efektivní fungování zprostředkovatele inovací a užitečnost pro místní český trh, měl by návrh zohlednit jak místní potřeby, tak i osvědčené postupy převzaté ze stávajících iniciativ na podporu finančních inovací. K zajištění rovných podmínek jsou zásadní rovné příležitosti k přístupu ke zprostředkovatelům inovací a transparentní kritéria způsobilosti. Jasné a transparentní cíle je třeba kombinovat s dostatečnými zdroji a nástroji, aby se vytvořilo prostředí pro předpokládaný přenos znalostí a životaschopné fungování zprostředkovatele inovací.

Podrobná doporučení týkající se optimálního návrhu zprostředkovatele inovací a věcné argumenty, které tato doporučení podporují, poskytují pro realizaci tohoto projektu českými orgány nezbytné, nikoli však dostatečné podmínky. Předpokladem úspěchu tohoto úsilí je institucionální podpora a politická ochota uvažovat o zřízení regulatorního sandboxu českými orgány. Dalšími parametry na podporu úspěšné realizace tohoto úsilí jsou nezbytné vnitřní uspořádání, aby byl takový zprostředkovatel účinný, včetně organizační nezávislosti a jasného mandátu od příslušných orgánů. Nedostatečné nasazení zdrojů nezbytných jak z hlediska rozsahu, tak z hlediska dovedností, pro zřízení zprostředkovatele inovací na organizační a provozní úrovni by pro provádění tohoto doporučení představovalo velké riziko. Zjištěné překážky růstu FinTechového odvětví, které byly uvedeny výše, v kombinaci se současnou analýzou proveditelnosti poskytují argumenty založené na důkazech pro potřebu tohoto zprostředkovatele v České republice jako jeden ze způsobů, jak zmírnit omezení rozvoje finančních technologií v České republice. Následně poskytnutá doporučení zohledňují proveditelnost tohoto úsilí v kontextu prostředí českých finančních trhů, FinTechového prostředí, regulačního a dohledového prostředí a vývoje v oblasti finančních inovací na evropské úrovni.

Očekávaný dopad regulatorního nebo datového sandboxu v České republice

Strategie Evropské komise v oblasti digitálních financí v kapitole 4.1 zdůrazňuje, že „podniky by měly mít možnost spolehnout se na úzkou spolupráci mezi vnitrostátními zprostředkovateli inovací v oblasti dohledu v rámci Evropského fóra zprostředkovatelů inovací (EFIF) a na novou platformu EU pro digitální finance" (European Commission, 2020[77]). To české inovativní společnosti staví do potenciálně znevýhodněné pozice. Kontaktní místo České národní banky pro FinTech se sice účastní jednání fóra EFIF, jedná se však o kontaktní místo s omezeným rozsahem, které českým inovátorům ve srovnání s konkurenty z jiných členských států EU poskytuje omezené možnosti, zejména co se týče přeshraniční spolupráce evropských regulatorních sandboxů.

Český regulatorní sandbox by mohl přinést výhody regulačním orgánům, inovátorům i spotřebitelům a zajistit, aby české FinTechové společnosti neztratily svou konkurenceschopnost. Mohl by přímo řešit potřebu lepšího dialogu mezi orgánem dohledu a českými FinTechovými společnostmi a pokrýt případnou omezenou kapacitu současného kontaktního místa v budoucím prostředí rostoucích potřeb FinTechových společností s ohledem na nové nebo připravované regulační rámce EU nebo současné posuny na trhu finančních služeb. Zprostředkovatel umožní orgánu dohledu získat přehled pomocí inovativních obchodních modelů, které lze ve zprostředkovateli otestovat a které mohou být podkladem pro jeho činnosti v oblasti dohledu. To může znamenat určení potenciálních rizik a nebezpečí pro toto odvětví a poskytování lepších údajů a technologií na podporu finančních regulačních orgánů a orgánů dohledu. Důležité je, že pro FinTechové společnosti může dojít ke snížení regulační nejistoty a vnímané regulační zátěže v České republice, která byla zjištěna v rámci konzultací OECD (OECD, 2022[1]).

Zřízení zprostředkovatele inovací, jako je regulatorní sandbox, může podpořit inovace ve finančním sektoru a zároveň umožnit orgánům dohledu sledovat a řešit vznikající rizika spojená se zaváděním inovativních technologií v oblasti financí, přičemž se možné přínosy rozšíří na všechny zúčastněné strany. Orgánům dohledu mohou umožnit lépe porozumět tomu, jak inovativní mechanismy zavedené FinTechovými společnostmi mohou změnit rizikový profil určitých finančních činností, což naopak může mít pozitivní vliv na vypracování odpovídajících politických reakcí na tyto inovace.

Finanční zprostředkovatelé v podobě datových sandboxů by mohli poskytnout lepší možnosti sdílení údajů a vybudovat pro společnosti platformu k testování obchodních modelů založených na datech nebo inovativních nápadů založených na skutečných nebo syntetických datech přístupných v kontrolovaném prostředí. Datový sandbox by mohl koncepčně zahrnovat kontrolované prostředí, ve kterém by FinTechové společnosti mohly využívat speciálně připravená data k testování obchodních modelů nebo inovativních řešení, které jsou silně závislé na datech, a to bez regulatorní složky. Orientačně by tyto datové sandboxy mohly poskytovat skutečné a syntetické datové soubory na míru, které by byly k dispozici účastníkům sandboxu, za předpokladu, že údaje lze shromažďovat od veřejných orgánů nebo účastníků trhu.

Referenční dokumenty

Advokátní deník (2022), "Crowdfunding se nově zařadí mezi běžné investiční nástroje", https://advokatnidenik.cz/2022/04/28/nova-zakonna-regulace-zaradi-crowdfunding-mezi-bezne-investicni-nastroje/ (accessed on 4 August 2022). [7]

Berger, A. and G. Udell (2003), *Small Business and Debt Finance*, Springer-Verlag, https://doi.org/10.1007/0-387-24519-7_13. [66]

BIS (2018), "Implications of fintech developments for banks and bank supervisors", *Basel Committee on Banking Supervision, Sound Practices*, http://www.bis.org (accessed on 29 August 2022). [69]

Bromberg, L., A. Godwin and I. Ramsay (2017), "Fintech sandboxes: Achieving a balance between regulation and innovation", *Journal of Banking and Finance Law and Practice*, Vol. 28/4, pp. 314-336. [63]

CCAF (2021), *The 2nd Global Alternative Finance Market Benchmarking Report*, CCAF, https://www.jbs.cam.ac.uk/faculty-research/centres/alternative-finance/publications/the-2nd-global-alternative-finance-market-benchmarking-report/ (accessed on 25 January 2022). [6]

Citibank (2022), *Digital Money Index*, https://www.citibank.com/icg/sa/digital_symposium/digital_money_index/ (accessed on 29 August 2022). [55]

CNB (2023), *Regulace a dohled nad platebními institucemi a institucemi elektronických peněz - Česká národní banka*, https://www.cnb.cz/cs/dohled-financni-trh/vykon-dohledu/postaveni-dohledu/regulace-a-dohled-nad-platebnimi-institucemi-a-institucemi-elektronickych-penez/ (accessed on 20 January 2023). [43]

CNB (2022), *ARAD - Time Serie System - Czech National bank*, https://www.cnb.cz/cnb/STAT.ARADY_PKG.STROM_DRILL?p_strid=0&p_lang=EN (accessed on 4 August 2022). [18]

CNB (2022), *CNB launches FinTech contact point - Czech National Bank*, https://www.cnb.cz/en/cnb-news/press-releases/CNB-launches-FinTech-contact-point (accessed on 20 June 2022). [38]

CNB (2022), *Financial market supervision - Czech National Bank*, https://www.cnb.cz/en/supervision-financial-market/ (accessed on 16 June 2022). [36]

CNB (2022), *Long-term supervisory strategy of the Czech National Bank - Czech National Bank*, https://www.cnb.cz/en/supervision-financial-market/long-term-supervisory-strategy-of-the-czech-national-bank/ (accessed on 24 June 2022). [37]

CNB (2022), *Regulated institutions and registered financial market entities lists*, https://apl.cnb.cz/apljerrsdad/JERRS.WEB07.INTRO_PAGE?p_lang=en (accessed on 17 June 2022). [49]

CNB (2021), *Financial Market Supervision Report 2020*, https://www.cnb.cz/export/sites/cnb/en/supervision-financial-market/.galleries/aggregate_information_financial_sector/financial_market_supervision_reports/download/fms_2020.pdf (accessed on 22 June 2022). [48]

CNB (2020), *Financial Market Supervision Report 2019*, https://www.cnb.cz/export/sites/cnb/en/supervision-financial-market/.galleries/aggregate_information_financial_sector/financial_market_supervision_reports/download/fms_2019.pdf (accessed on 22 June 2022). [47]

Cornelli, G. et al. (2020), "Inside the regulatory sandbox: effects on fintech funding", BIS, https://www.bis.org/publ/work901.htm (accessed on 29 August 2022). [71]

Czech Statistical Office (2022), *Information Society in Figures 2022 Czechia and EU*, http://www.plzen.czso.cz (accessed on 9 November 2022). [17]

Czech Statistical Office (2022), *Innovation activities of enterprises - 2018 to 2020 | CZSO (in Czech)*, https://www.czso.cz/csu/czso/inovacni-aktivity-podniku-20182020 (accessed on 9 November 2022). [15]

Deloitte Česká Republika (2022), *Jak se v Česku daří startupům*, https://www2.deloitte.com/cz/cs/pages/press/articles/jak-se-v-cesku-dari-startupum.html (accessed on 29 August 2022). [67]

EBA (2022), *Opinion of the European Banking Authority on its technical advice on the review of Directive (EU) 2015/2366 on payment services in the internal market (PSD2)*. [30]

Ecommerce Europe and EuroCommerce (2022), *European E-Commerce report 2022*, http://www.ecommerce-europe.eu (accessed on 20 January 2023). [9]

ESMA, EBA and EIOPA (2019), *FinTech: Regulatory sandboxes and innovation hubs*, https://ec.europa.eu/info/publications/180308-action-plan-fintech_en. (accessed on 5 May 2023). [70]

European Commission (2022), *Consultation document - Targeted consultation on open finance framework and data sharing in the financial sector*, EUROPEAN COMMISSION DIRECTORATE-GENERAL FOR FINANCIAL STABILITY, FINANCIAL SERVICES AND CAPITAL MARKETS UNION, https://ec.europa.eu/info/sites/default/files/business_economy_euro/banking_and_finance/documents/2022-open-finance-consultation-document_en.pdf (accessed on 10 May 2022). [34]

European Commission (2022), *Country Report-Czechia Accompanying the document Recommendation for a COUNCIL RECOMMENDATION on the 2022 National Reform Programme of Czechia and delivering a Council opinion on the 2022 Convergence Programme of Czechia*, https://eur-lex.europa.eu/legal-content/EN/ALL/?uri=CELEX%3A52022SC0605 (accessed on 29 August 2022). [59]

European Commission (2022), *European Innovation Scoreboard - Country Profile - Czechia*, https://ec.europa.eu/assets/rtd/eis/2022/ec_rtd_eis-country-profile-cz.pdf (accessed on 9 November 2022). [11]

European Commission (2022), *European Innovation Scoreboard 2022 and Regional Innovation Scoreboard 2021*, https://ec.europa.eu/research-and-innovation/en/statistics/performance-indicators/european-innovation-scoreboard/eis (accessed on 9 November 2022). [14]

European Commission (2022), *Proposal for a REGULATION OF THE EUROPEAN PARLIAMENT AND OF THE COUNCIL on harmonised rules on fair access to and use of data (Data Act)*, https://eur-lex.europa.eu/legal-content/EN/TXT/?uri=COM%3A2022%3A68%3AFIN (accessed on 3 August 2022). [33]

European Commission (2022), *REGULATION (EU) 2022/868 OF THE EUROPEAN PARLIAMENT AND OF THE COUNCIL of 30 May 2022 on European data governance and amending Regulation (EU) 2018/1724 (Data Governance Act)*, https://eur-lex.europa.eu/legal-content/EN/TXT/?uri=CELEX%3A32022R0868 (accessed on 3 August 2022). [32]

European Commission (2021), *Data and surveys - SAFE*, https://single-market-economy.ec.europa.eu/access-finance/data-and-surveys-safe_en (accessed on 4 November 2022). [22]

European Commission (2021), *Proposal for a REGULATION OF THE EUROPEAN PARLIAMENT AND OF THE COUNCIL LAYING DOWN HARMONISED RULES ON ARTIFICIAL INTELLIGENCE (ARTIFICIAL INTELLIGENCE ACT) AND AMENDING CERTAIN UNION LEGISLATIVE ACTS*, https://eur-lex.europa.eu/legal-content/EN/TXT/?uri=CELEX%3A52021PC0206 (accessed on 3 August 2022). [42]

European Commission (2020), *COMMUNICATION FROM THE COMMISSION TO THE EUROPEAN PARLIAMENT, THE COUNCIL, THE EUROPEAN ECONOMIC AND SOCIAL COMMITTEE AND THE COMMITTEE OF THE REGIONS A European strategy for data*, https://eur-lex.europa.eu/legal-content/EN/TXT/?uri=CELEX%3A52020DC0066 (accessed on 3 August 2022). [31]

European Commission (2020), *Digital finance package*, https://ec.europa.eu/info/publications/200924-digital-finance-proposals_en (accessed on 1 August 2022). [35]

European Commission (2020), *Digital Finance Strategy for the EU*, https://eur-lex.europa.eu/legal-content/EN/TXT/?uri=CELEX:52020DC0591 (accessed on 23 January 2023). [77]

European Commission (2020), *Recommendation for a COUNCIL RECOMMENDATION on the 2020 National Reform Programme of Czechia and delivering a Council opinion on the 2020 Convergence Programme of Czechia*, https://eur-lex.europa.eu/legal-content/EN/TXT/?qid=1591720698631&uri=CELEX%3A52020DC0503 (accessed on 22 August 2022). [56]

European Commission (2019), *2019 SBA Fact Sheet Czechia*, https://ec.europa.eu/docsroom/documents/38662/attachments/7/translations/en/renditions/native (accessed on 24 January 2023). [26]

European Commission (2019), *Recommendation for a COUNCIL RECOMMENDATION on the 2019 National Reform Programme of the Czech Republic and delivering a Council opinion on the 2019 Convergence Programme of the Czech Republic*, https://www.vlada.cz/assets/evropske-zalezitosti/aktualne/Doporuceni-pro-CR-pro-rok-2019-schvalena-Radou-ECOFIN_1.pdf (accessed on 5 September 2022). [60]

European Commission (2019), *Study supporting the interim evaluation of the innovation principle - Publications Office of the EU*, https://op.europa.eu/en/web/eu-law-and-publications/publication-detail/-/publication/e361ec68-09b4-11ea-8c1f-01aa75ed71a1 (accessed on 23 January 2023). [73]

European Parliament (2020), *Regulatory sandboxes and innovation hubs for FinTech - Publications Office of the EU*, https://op.europa.eu/en/publication-detail/-/publication/f7485a21-084d-11eb-a511-01aa75ed71a1/language-en/format-PDF/source-279143019 (accessed on 23 January 2023). [75]

European Union (2020), *Council Conclusions on Regulatory Sandboxes and Experimentation Clauses as tools for an innovation-friendly, future-proof and resilient regulatory framework that masters disruptive challenges in the digital age*, https://eur-lex.europa.eu/legal-content/EN/TXT/?uri=CELEX%3A52020XG1223%2801%29 (accessed on 5 August 2022). [74]

Fan, P. (2018), “Singapore Approach to Develop and Regulate FinTech”, *Handbook of Blockchain, Digital Finance, and Inclusion, Volume 1: Cryptocurrency, FinTech, InsurTech, and Regulation*, pp. 347-357, https://doi.org/10.1016/B978-0-12-810441-5.00015-4. [76]

FCA (2022), *Supporting innovation in ESG data and disclosures: the digital sandbox sustainability pilot*, https://www.fca.org.uk/publication/corporate/digital-sandbox-sustainability-pilot-report.pdf (accessed on 22 August 2022). [72]

FinTech Cowboys (2022), *Fintechová mapa České republiky - jaro 2022: přes 100 fintechů*, https://fintechcowboys.cz/fintechova-mapa-ceske-republiky-jaro-2022-pres-100-fintechu/ (accessed on 4 August 2022). [3]

ICLG (2021), *Fintech Law and Regulations, Czech Republic 2021-2022*, https://iclg.com/practice-areas/fintech-laws-and-regulations/czech-republic (accessed on 17 June 2022). [2]

Jaeger, J., J. Chien and S. Fathallah (2014), *Establishing a Financial Consumer Protection Supervision Department*, World Bank, https://openknowledge.worldbank.org/handle/10986/25894 (accessed on 9 December 2022). [46]

Kalifa, R. (2021), "Kalifa Review of UK FinTech", https://www.gov.uk/government/publications/the-kalifa-review-of-uk-fintech. [65]

Keogh, D. and D. Johnson (2021), "Survival of the funded: Econometric analysis of startup longevity and success", *Journal of Entrepreneurship, Management and Innovation*, Vol. 17/4, pp. 29-49, https://doi.org/10.7341/20211742. [68]

Llewellyn, D. (2006), "Institutional structure of financial regulation and supervision: the basic issues", *World Bank seminar, Aligning Supervisory Structures with Country Needs, Washington DC*, https://paulmaharg.com/letr/references/storage/M2HKVKHB/Llewellyn%20-%202005%20-%20Institutional%20structure%20of%20financial%20regulation%20an.pdf (accessed on 19 December 2022). [50]

Lukas Valusek and Lenka Kučerová (2022), *Restructuring and insolvency law in the Czech Republic*, CMS, https://cms.law/en/int/expert-guides/cms-expert-guide-to-restructuring-and-insolvency-law/czech-republic (accessed on 15 December 2022). [25]

Mcgowan, M. and D. Andrews (2018), "Design of insolvency regimes across countries", *Economics Department Working Papers*, No. 1504, OECD, http://www.oecd.org/eco/workingpapers. (accessed on 15 December 2022). [24]

McKinsey (2022), *Europe's fintech opportunity*, https://www.mckinsey.com/industries/financial-services/our-insights/europes-fintech-opportunity (accessed on 4 May 2023). [4]

MFCR (2022), *Basic Information | Capital Market | Ministry of Finance of the Czech Republic*, https://www.mfcr.cz/en/themes/capital-market/basic-information (accessed on 1 July 2022). [39]

MFCR (2020), *Financial Literacy Measurement Results 2020: ATTITUDES TO FINANCE AND BEHAVIOR ON THE FINANCIAL MARKET*, https://financnigramotnost.mfcr.cz/cs/pro-odborniky/mereni-urovne-financni-gramotnosti/2020/postoje-k-financim-a-chovani-3272/ (accessed on 4 August 2022). [20]

MFCR (2019), *National Strategy for the Development of the Capital Market in the Czech Republic for the period of 2019-2023*, https://www.mfcr.cz/assets/en/media/201903-National-Strategy-CZ-Capital-Market.pdf (accessed on 1 July 2022). [19]

MFCR (2017), *Act No 370/2017 Sb. on Payments*, https://www.mfcr.cz/assets/cs/media/Zak_2017-370_Zakon-o-platebnim-styku-anglicky-preklad-k-1-4-2019.pdf (accessed on 24 August 2022). [29]

MFCR and EU (2022), *Home | Capital guide*, https://www.kapitalovypruvodce.cz/en/ (accessed on 5 August 2022). [28]

Nassr, I. and G. Wehinger (2015), "Unlocking SME finance through market-based debt: Securitisation, private placements and bonds", *OECD Journal: Financial Market Trends* , Vol. 2014/2, https://www.oecd.org/finance/Unlocking-SME-finance-through-market-based-debt.pdf (accessed on 22 August 2022). [58]

OECD (2022), *Business innovation statistics and indicators*, https://www.oecd.org/sti/inno-stats.htm#indicators (accessed on 9 November 2022). [10]

OECD (2022), “Marketplace and FinTech lending for SMEs in the COVID-19 crisis”, *OECD Business and Finance Policy Papers*, No. 02, OECD Publishing, Paris, https://doi.org/10.1787/ff11697f-en. [27]

OECD (2022), *OECD Science, Technology and Innovation Scoreboard*, https://www.oecd.org/sti/scoreboard.htm#publications (accessed on 9 November 2022). [16]

OECD (2022), *Recommendation of the Council on High-Level Principles on Financial Consumer Protection*, https://legalinstruments.oecd.org/en/instruments/OECD-LEGAL-0394 (accessed on 16 December 2022). [45]

OECD (2022), *The FinTech Ecosystem in the Czech Republic*, OECD Publishing, Paris, https://doi.org/10.1787/068ba90e-en. [1]

OECD (2022), *Why Decentralised Finance (DeFi) Matters and the Policy Implications - OECD*, https://www.oecd.org/finance/why-decentralised-finance-defi-matters-and-the-policy-implications.htm (accessed on 18 March 2022). [53]

OECD (2021), *Artificial Intelligence, Machine Learning and Big Data in Finance Opportunities, Challenges and Implications for Policy Makers*, https://www.oecd.org/finance/artificial-intelligence-machine-learningbig-data-in-finance.htm. (accessed on 22 August 2022). [52]

OECD (2020), *Innovation Diffusion in The Czech Republic a Regional Approach*. [13]

OECD (2020), *OECD Economic Surveys: Czech Republic 2020*, OECD Publishing, Paris, https://doi.org/10.1787/1b180a5a-en. [21]

OECD (2015), *Opportunities and Constraints of Market-Based Financing for SMEs OECD Report to G20 Finance Ministers and Central Bank Governors*, https://doi.org/10.1787/fmt-2014-5js3bg1g53ln. [57]

OECD/Eurostat (2018), *Oslo Manual 2018: Guidelines for Collecting, Reporting and Using Data on Innovation, 4th Edition*, The Measurement of Scientific, Technological and Innovation Activities, OECD Publishing, Paris/Eurostat, Luxembourg, https://doi.org/10.1787/9789264304604-en. [78]

Prague Stock Exchange (2022), *Consolidated Annual Report 2021*, https://www.pse.cz/userfiles/annual_reports/49eb1d3c5e38da03d4deb5dd9aac3df2.pdf (accessed on 4 November 2022). [79]

R&D&I Council (2019), *Innovation Strategy of the Czech Republic 2019 - 2030 | Research and development in Czech republic*, https://www.vyzkum.cz/FrontClanek.aspx?idsekce=867922 (accessed on 8 November 2022). [12]

Rau, P. (2020), “Law, Trust, and the Development of Crowdfunding”, *SSRN Electronic Journal*, University of Cambridge, https://doi.org/10.2139/SSRN.2989056. [41]

Startups, G., Atomico and dealroom.co (2021), *Coming of age: Central and Eastern European startups*. [23]

ÚOHS (2023), *Office for the Protection of Competition | Annual reports*, https://www.uohs.cz/en/information-centre/annual-reports.html (accessed on 24 January 2023). [44]

ÚOHS (2023), *Office for the Protection of Competition | History of the Office*, https://www.uohs.cz/en/about-the-office/history-of-the-office.html (accessed on 24 January 2023). [80]

Visa (2022), *Contactless Payments Around the Globe*, https://www.visa.com.bs/visa-everywhere/innovation/contactless-payments-around-the-globe.html (accessed on 31 October 2022). [5]

World Bank (2022), *Regulation and Supervision of Fintech: Considerations for EMDE Policymakers*, https://openknowledge.worldbank.org/handle/10986/37345 (accessed on 23 August 2022). [51]

World Bank (2021), *The Global Findex Database 2021*, https://www.worldbank.org/en/publication/globalfindex (accessed on 4 November 2022). [8]

World Bank (2020), *Doing Business 2020*, https://doi.org/10.1596/978-1-4648-1440-2. [54]

World Bank (2020), "Global Experiences from Regulatory Sandboxes", *Fintech Note*, No. 8, World Bank, Washington DC, https://doi.org/10.1596/34789. [62]

World Bank (ed.) (2020), *How Regulators Respond To FinTech*, World Bank, Washington, DC, https://doi.org/10.1596/33698. [64]

World Bank (2020), "How Regulators Respond To FinTech : Evaluating the Different Approaches – Sandboxes and Beyond", *Fintech Note*, No. 4, https://doi.org/10.1596/33698. [61]

World Bank and CCAF (2019), *Regulating Alternative Finance: Results from a Global Regulator Survey.*, World Bank and CCAF, https://www.jbs.cam.ac.uk/faculty-research/centres/alternative-finance/publications/regulating-alternative-finance/ (accessed on 20 April 2022). [40]

Poznámky

[1] Všechny finanční prostředky získané prostřednictvím online tržiště, včetně úvěrování P2P / tržního úvěrování (skupinového úvěrování), rozvahových úvěrů, podílového skupinového financování a nefinančního crowdfundingu.

[2] Podle příručky „Oslo Manual" je inovace produktů novým nebo vylepšeným zbožím nebo službou, které se významně liší od předchozího zboží nebo služeb dané společnosti a které byly uvedeny na trh (OECD/Eurostat, 2018[78]).

[3] Burza cenných papírů Praha v současné době provozuje tři místa, kde jsou nabízeny a obchodovány akcie společností. Jedná se především o trhy STANDARD a PRIME, ale existuje také menší trh START určený pro malé a střední podniky. Obchodní systém START, který byl spuštěn v roce 2018, je určen menším, inovativním společnostem. Jeho tržní kapitalizace dosáhla ke konci roku 2021 8 590 milionů Kč a v průběhu téhož roku přilákala devět emisí (Prague Stock Exchange, 2022[79]).

[4] Zákon o platebním styku [zákon č. 370/2017 Sb.] je vnitrostátní právní úprava z roku 2017 provádějící směrnici PSD2.

[5] Akcionáři jsou Air Bank, Česká spořitelna, ČSOB, Fio banka, Komerční banka, mBank, Moneta Money Bank, Raiffeisenbank a UniCredit Bank.

[6] V souladu se zákonem č. 6/1993 Sb., o ČNB.

[7] Mandát Ministerstva financí České republiky v oblasti regulace kapitálového trhu je stanoven v § 4 odst. 1 zákona č. 2/1969 Sb., o zřízení ministerstev a jiných ústředních orgánů státní správy České republiky.

[8] Úřad je ústředním správním orgánem, který je ve své rozhodovací praxi nezávislý. V čele úřadu stojí předseda, kterého na návrh vlády jmenuje prezident republiky (ÚOHS, 2023[80]).

[9] s pasovými licencemi EU.

[10] Práva na pasportizaci jsou jedním ze základů jednotného trhu EU v oblasti finančních služeb a umožňují FinTechovým společnostem (stejně jako jakékoli jiné společnosti poskytující finanční služby), které mají povolení v libovolném státě EU nebo EHP, volně obchodovat v České republice (stejně jako v kterémkoli jiném členském státě) po oznámení hostitelským orgánům.

2 Doporučení pro sandboxy v České republice

Tato kapitola představuje doporučení k optimálnímu návrhu realizovatelného zprostředkovatele inovací v České republice. Navrhovaný design zohledňuje specifika České republiky určená v analýze, včetně struktury českého finančního sektoru, českého FinTechového prostředí, vnitrostátního a unijního regulačního a dohledového rámce a budoucího očekávaného vývoje v oblasti regulace finančních inovací. Doporučení byla vypracována v úzké spolupráci s českými a evropskými orgány a čerpají z minulých zkušeností s modely sandboxů v jurisdikcích, kde byly zavedeny (v členských zemích OECD a mimo OECD se zaměřením na země Evropské unie).

Doporučení týkající se návrhu (viz shrnutí nebo osnova) zahrnují definici „inovace“ nebo „inovativního finančního produktu“, které by si zasloužily zařazení, kritéria způsobilosti pro podnikatele, kteří se mohou na sandboxu podílet, včetně postupu udělování licencí, vzor povolení, limity testovacího prostředí, výstupní postupy, měření výkonnosti a doporučené lhůty. Kapitola také popisuje regulační a dohledové zásady nebo normy, včetně rejstříku rizik a úvah o řízení rizik, a nabízí komunikační strategii, která zajistí, aby si všechny zúčastněné strany byly vědomy účelu a funkce regulatorního sandboxu. To je obzvláště důležité vzhledem k mylným představám v České republice, které se týkají definice a účelu regulatorních sandboxů.

Doporučený návrh českého regulatorního sandboxu vychází ze studie proveditelnosti pro jeho implementaci v České republice a je přizpůsoben jejím specifikům s ohledem na relevantní příležitosti a omezení domácího prostředí. Klíčová doporučení ohledně návrhu českého regulatorního sandboxu jsou uvedena níže.

Definice „inovativního finančního produktu“: nový nebo vylepšený finanční produkt, služba nebo obchodní strategie, které využívají nové/vznikající technologie k poskytování inovativních/zdokonalených finančních služeb.

Cíle navrhovaného regulatorního sandboxu pro FinTechové společnosti: usnadnit inovace a urychlit výrobní inovace; podpořit hospodářskou soutěž a finanční začlenění ve finančním sektoru; usnadnit zavádění nových technologií a přilákat FinTechové společnosti.

Doporučená oblast působnosti: meziodvětvová bez omezení týkajících se odvětví činnosti, pokud přímo či nepřímo spadá do působnosti finančních orgánů. V této souvislosti se výrazem „nepřímo“ rozumí finanční činnost, která nemusí spadat pod stávající definice činností vyžadujících povolení od orgánů, ale přesto může mít dopad na finanční sektor. Žadatelé musí ve všech případech splňovat kritéria způsobilosti.

Limity testovacího prostředí: Doporučená struktura nedoporučuje poskytovat žádné výjimky, omezená povolení nebo jiné zmírnění stávajících platných pravidel, které by bylo v každém případě v rozporu s pravidly EU. Doporučuje se, aby se u firem účastnících se českého regulatorního sandboxu a dle uvážení orgánu dohledu přiměřeně uplatňovaly stávající požadavky na regulaci a dohled, které spadají do regulace finančních služeb EU. Tato přiměřenost se může vztahovat na proces správy a řízení, požadavky na systém a kontrolu, složení představenstva, finanční zdraví, pověst, zkušenosti s řízením a dosavadní výsledky. Orgán dohledu by měl uplatňovat přiměřenost v jednotlivých případech v závislosti na obchodním modelu a platných pravidlech.

Dohled regulačních orgánů a orgánů dohledu: Doporučením, které českému regulatornímu sandboxu umožní maximalizovat provozní přínosy a zlepšit šíření regulační jasnosti na jedné straně a porozumění obchodním modelům ze strany orgánu dohledu na straně druhé, je, aby sandbox zřídily české orgány. Taková je praxe u všech regulatorních sandboxů v EU.Vzhledem k tomu, že navrhovaný testovací rámec nenabídne společnostem podílejícím se na sandboxu výjimky nad rámec výjimek stanovených vnitrostátními a evropskými právními předpisy, není pro zřízení regulatorního sandboxu nutné provádět legislativní změny. České orgány by mohly regulatorní sandbox zřídit vnitřním aktem nebo vyhrazením míst pro koordinaci jeho činnosti v rámci příslušných orgánů.

Standardní regulatorní vs. datový sandbox: Doporučením pro český sandbox je začít se zřízením „standardního“ regulatorního sandboxu a do maximální možné míry zajistit sdílení dat, pokud to podmínky dovolí. Proveditelnost této možnosti bude založena na i) dostupnosti datových souborů a schopnosti je zpřístupnit; ii) kapacitě orgánů účastnících se regulatorního sandboxu. Rovněž by bylo možné předpokládat, že datový sandbox bez regulatorní složky by mohl být zajišťován externě anebo existovat mimo české orgány, i když i v tomto případě by se orgány musely účastnit mimo jiné prostřednictvím poskytování údajů. Tyto dva typy sandboxů, regulatorní a datové, se vzájemně nevylučují.

Typy dat v datovém sandboxu: Doporučení ohledně českého datového sandboxu bude záviset na analýze proveditelnosti tohoto úsilí, která bude zase do značné míry záviset na datových souborech, jež lze zpřístupnit, s přihlédnutím k právním a technickým omezením ve vztahu ke společnostem zapojeným do takového zprostředkovatele. Rovněž bude záviset na přidělení kapacity pro provoz tohoto sandboxu, jak z hlediska počtu, tak z hlediska technických dovedností, aby byl jeho provoz možný.

Syntetická data v datovém sandboxu: V prvních fázích vývoje datového sandboxu se doporučuje této možnosti vyhnout, pokud neexistuje ochota využít důležité zdroje, a to jak interně / již existující, tak externě z hlediska poskytovatelů specializovaných služeb, které nemusí být dostupné v rámci českých orgánů. V budoucnu mohou české orgány v závislosti na dostupnosti zdrojů a zkušenostech se sandboxem zvážit zapojení do fáze datového sandboxu, která bude náročnější na zdroje a bude zahrnovat syntetické datové soubory.

Účastníci: Kategorie firem, které se mohou zúčastnit a považovaly by účast za užitečnou, zahrnují společnosti, které již mají licenci, ale chtějí vyzkoušet novou technologii anebo obchodní model, společnosti, které v rámci finančních právních předpisů nemají potřebnou licenci k poskytování požadované činnosti, a společnosti, u kterých není jisté, zda činnost vyžaduje licenci v rámci finančních právních předpisů.

Kritéria způsobilosti: Doporučuje se, aby účastníci regulatorního sandboxu měli příslušnou licenci pro vykonávanou regulovanou činnost nebo byli připraveni o licenci požádat, aby ji měli před zahájením testovací fáze, pokud se orgán dohledu domnívá, že činnost spadá do oblasti regulované finanční činnosti. V případě, že se orgán dohledu domnívá, že licence není nutná, je na uvážení českých orgánů, zda společnosti testování povolí, či nikoli. To by mohlo být přínosné jak pro české orgány, tak pro poskytovatele služeb, například pokud se právě projednává regulace v této oblasti a spolupráce by byla vyhodnocena jako přínosná pro seznámení se s tímto typem produktu.

Vzor povolení: Účastníci jsou předem vybráni zvláštním poradním výborem na základě přiložených kritérií způsobilosti. Poradní výbor poskytne nezávazné doporučení. To pak bude potvrzeno nebo zamítnuto českými orgány, ale neplatí to pro ČNB, neboť ČNB nemá k vydání takového rozhodnutí žádný právní základ. Orgán provozující sandbox vydá rozhodnutí o výběru po zvážení doporučení poradního výboru.

2.1. Definice a cíle

2.1.1. Cíle regulatorního sandboxu

Regulatorní sandbox je rámec, který FinTechovým společnostem umožňuje testovat inovativní nové produkty, služby a obchodní modely v kontrolovaném prostředí pod dohledem regulačního orgánu a bez obcházení pravidel. Doporučené hlavní cíle navrhovaného regulatorního sandboxu pro FinTechové společnosti v České republice jsou znázorněny na Obrázek 2.1.

Obrázek 2.1. Cíle regulatorního sandboxu

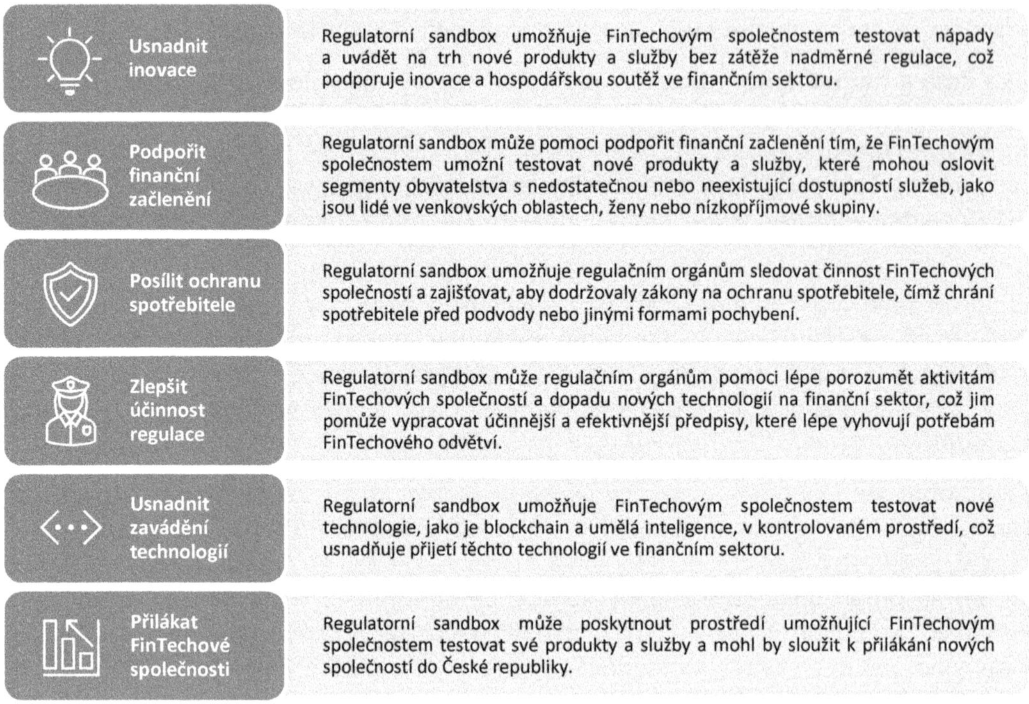

2.1.2. Pochopení konceptu inovace

Při vytváření regulatorního sandboxu pro FinTechové společnosti je důležitým faktorem, který je třeba zvážit, definice toho, co inovativní finanční produkt představuje. Definice musí být přesná a dobře definovaná a musí zohledňovat pravidla a legislativu České republiky. Regulatorní sandbox může napomoci vývoji a testování nových a vznikajících technologií a zároveň zaručit zachování ochrany spotřebitele a regulačního monitorování.

Definice finančních inovací by měla být komplexní a měla by zohledňovat různé faktory. Je důležité poznamenat, že žádné z těchto kritérií by nemělo být upřednostňováno, neboť se všechna doplňují a pro definici finančních inovací jsou stejně důležitá. Prvním kritériem je dopad inovací na trh a hospodářskou soutěž. Finanční inovace mohou zahrnovat nové produkty, služby nebo postupy, které narušují zavedené tržní struktury nebo vytvářejí nové tržní příležitosti. Druhým kritériem je vliv inovací na pohodlí a možnost volby zákazníka. Finanční inovace mohou zahrnovat nové produkty, služby nebo postupy, které rozšiřují možnosti zákazníků nebo zlepšují uživatelskou zkušenost. Třetím kritériem je vliv inovací na finanční stabilitu a řízení rizik. Finanční inovace mohou zahrnovat nové produkty, služby nebo postupy, které zvyšují účinnost a odolnost finančního systému nebo snižují systémová rizika (Obrázek 2.2). Tato tři kritéria by měla být považována za vzájemně se doplňující, neboť mají podobný význam.

Obrázek 2.2. Pochopení konceptu inovace

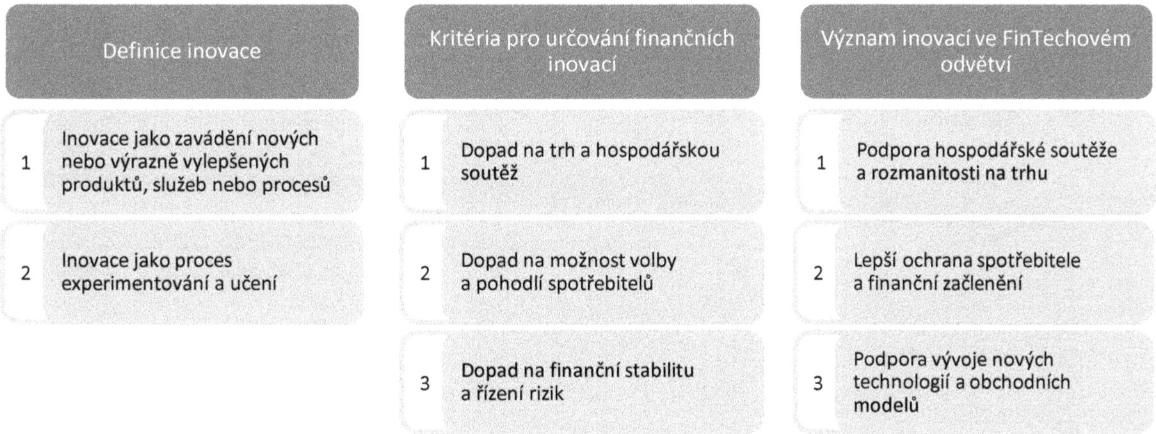

S postupným vývojem FinTechového odvětví a regulačního prostředí se navíc může změnit i definice inovativního finančního produktu. Proto je důležité zaujmout spíše holistický přístup než se zaměřovat pouze na používané technologie, přičemž je třeba mít na paměti, že inovace mohou rovněž vzejít z nových obchodních modelů nebo nových způsobů poskytování finančních služeb (OECD/Eurostat, 2018[1]).

V případě českého regulatorního sandboxu se doporučuje, aby se definice pojmu „inovativního finančního produktu" vztahovala na nový nebo vylepšený finanční produkt, službu nebo obchodní strategii, které využívají nové nebo vznikající technologie k poskytování inovativních a zdokonalených finančních služeb. Mezi příklady možných produktů v této kategorii patří poskytovatelé platebních služeb, agregátoři, společnosti zabývající se kryptoaktivy, finanční činnost založená na technologii distribuovaného registru, platformy robotického poradenství a platformy přímého úvěrování. Jako inovativní finanční produkt budou označovány také produkt, služba nebo obchodní model, které využívají současné technologie novými nebo kreativními způsoby. Například podvody lze odhalit pomocí umělé inteligence a úvěrové riziko lze vyhodnotit pomocí analýzy dat velkého objemu.

2.1.3. Rozlišení mezi typy sandboxů

„Standardní" regulatorní sandbox

„Standardní" regulatorní sandboxy jsou režimy zprostředkovatelů inovací, které podnikům umožňují testovat inovativní finanční produkty, finanční služby nebo obchodní modely podle zvláštního plánu testování schváleného a monitorovaného specializovanou funkcí příslušného orgánu (ESMA, EBA and EIOPA, 2019[2]). Tabulka 2.1 uvádí seznam provozních a plánovaných regulatorních sandboxů v rámci EU.

Tabulka 2.1. Seznam provozních a plánovaných regulatorních sandboxů v rámci EU

#	Země	Sandbox	Bankovnictví	Pojišťovnictví	Trhy s cenným i papíry	Internetová stránka
EU						
1	AT	✓	✓	✓	✓	https://www.fma.gv.at/en/fintech-point-of-contact-sandbox/fma-sandbox/
2	BE	N				
3	BG	Oznámeno				https://www.minfin.bg/en/news/10967
4	CY	N				
5	CZ	N				

#	Země	Sandbox	Bankovnictví	Pojišťovnictví	Trhy s cennými papíry	Internetová stránka
6	DE	N				
7	DK	✓	✓	✓	✓	https://www.dfsa.dk/Supervision/Fintech/FT-lab
8	EE	Plánováno	✓	✓	✓	https://www.ebrd.com/news/2019/moving-the-regulatory-debate-forward-ebrd-and-estonia-are-working-on-their-first-sandbox.html
9	EL	Plánováno	✓	✓	✓	https://www.bankofgreece.gr/en/main-tasks/supervision/regulatory-sandbox
10	ES	Plánováno			✓	https://portal.mineco.gob.es/RecursosNoticia/mineco/prensa/noticias/2022/20220627-PR_AI_Sandbox_EN.pdf
11	FI	N				
12	FR	N				
13	HR	N				
14	HU	✓	✓	✓	✓	https://www.mnb.hu/en/innovation-hub/regulatory-sandbox
15	IE	N				
16	IT	✓	✓	✓	✓	https://www.dt.mef.gov.it/it/dipartimento/consultazioni_pubbliche/consultazione_regolamento.html
17	LT	✓	✓	✓	✓	
18	LU	N				
19	LV	✓	✓	✓	✓	https://www.bank.lv/en/co-operation/support-for-fintech-and-innovations/regulatory-sandbox
20	MT	✓	✓	✓	✓	https://www.mfsa.mt/fintech/regulatory-sandbox/
21	NL	✓	✓	✓	✓	https://www.dnb.nl/en/sector-information/supervision-stages/prior-to-supervision/innovationhub-and-regulatory-sandbox/
22	PL	Plánováno	✓	✓	✓	https://www.knf.gov.pl/?articleId=69563&p_id=18
23	PT	Plánováno	✓	✓	✓	http://dre.pt/application/conteudo/132133788
24	RO	N				
25	SE	N				
26	SK	✓	✓	✓	✓	https://nbs.sk/en/financial-market-supervision1/fintech/regulatory-sandbox/
27	SL	N				
ESVO						
28	IS	N				
29	LI	N				
30	NO	✓	✓	✓	✓	https://www.finanstilsynet.no/en/topics/fintech-and-regulatory-sandbox/finanstilsynets-regulatory-sandbox/
31	CH	✓	✓	✓	✓	https://www.finma.ch/en/news/2019March 20190315-mm-fintech/
32	Spojené království	✓	✓	✓	✓	https://www.fca.org.uk/firms/innovation/regulatory-sandbox

Zdroj: Na základě zprávy ESMA, EBA a EIOPA (2019[2]), FinTech: Regulatory sandboxes and innovation hubs, https://ec.europa.eu/info/publications/180308-action-plan-fintech_en a veřejně dostupných informací na internetových stránkách uvedených v tabulce.

Regulatorní sandbox může nabídnout několik klíčových výhod FinTechovým společnostem i regulačním orgánům v České republice. Regulatorní sandboxy umožňují společnostem testovat a ověřovat jejich produkty a služby v reálném prostředí a získávat cenné poznatky o jejich proveditelnosti a životaschopnosti. To může pomoci snížit riziko neúspěchu u nových inovací. Regulatorní sandboxy navíc regulačním orgánům poskytují příležitost posoudit možný dopad těchto inovací na spotřebitele a širší ekonomiku, což jim umožňuje činit o regulaci těchto produktů a služeb informovaná rozhodnutí.

Rozsah regulatorního sandboxu lze rozšířit tak, aby zahrnoval funkce sdílení údajů. Často dochází k záměně mezi konceptem sdílení dat a datového sandboxu. Sdílení dat označuje praxi sdílení údajů mezi organizacemi nebo subjekty za konkrétním účelem, jako je zlepšování zkušeností zákazníků nebo odhalování podvodů. Datový sandbox je naproti tomu bezpečné testovací prostředí, které organizacím umožňuje experimentovat s daty, aniž by ohrozily citlivé informace nebo porušovaly předpisy o ochraně osobních údajů. Oba koncepty zahrnují sdílení dat, a to buď mezi různými stranami, nebo v kontrolovaném prostředí, za účelem testování nebo analýzy. Sdílení dat i datový sandbox mohou také potenciálně vést k inovacím a vývoji nových produktů nebo služeb, jakož i ke zlepšení efektivity a úsporám nákladů. Oba koncepty mohou navíc vyvolávat obavy ohledně ochrany a zabezpečení osobních údajů a vyžadují pečlivé zvážení právních a regulačních rámců. Existují však určité rozdíly v jejich účelu, rozsahu, vlastnictví údajů a bezpečnostních opatřeních (Obrázek 2.3).

Obrázek 2.3. Sdílení dat vs. datový sandbox

	Sdílení dat	Datový sandbox
Účel	Výměna dat mezi různými organizacemi nebo jednotlivci pro konkrétní účely, jako je zlepšování obchodních operací nebo výsledků výzkumu.	Speciálně navržené tak, aby umožňovalo experimentování a inovace s daty.
Rozsah	Obvykle zahrnuje sdílení dat mezi známými a důvěryhodnými stranami a rozsah je omezen na konkrétní datové soubory a dohodnuté účely.	Otevřené širšímu okruhu účastníků a rozsah může být flexibilnější, což umožňuje více experimentovat.
Vlastnictví dat	V prostředích pro sdílení dat zůstává vlastnictví a kontrola nad daty původnímu vlastníkovi a mohou být stanovena omezení týkající se toho, jak mohou být data používána nebo sdílena.	Vlastnictví a kontrolu nad daty lze sdílet mezi účastníky a datový sandbox může účastníkům poskytnout neutrální prostor ke spolupráci na nových způsobech využití dat.
Ochrana soukromí, zabezpečení	Úroveň ochrany soukromí by měla být stejná v každé z těchto dvou možností. Datové soubory vytvořené v rámci datových sandboxů jsou svou povahou chráněné, neboť obvykle představují duševní vlastnictví účastníků, kteří je vytvářejí (např. syntetické datové soubory), a od účastníků se proto obvykle vyžaduje podepsat dohody o mlčenlivosti, aby se mohli na těchto datových sandboxech podílet.	

Doporučením pro český regulatorní sandbox je zvážit zřízení „standardního" regulatorního sandboxu a pouze rozšířit jeho oblast působnosti začleněním možnosti sdílení dat, pokud to podmínky dovolí. Rozšíření standardního regulatorního sandboxu o možnost sdílení dat by se mohlo zakládat na i) dostupnosti datových souborů a schopnosti je zpřístupnit; ii) kapacitě orgánů účastnících se regulatorního sandboxu.

Rovněž by bylo možné předpokládat, že datový sandbox bez regulatorní složky by mohl být zajišťován externě nebo existovat mimo orgány, i když i v rámci této alternativy by se české orgány musely pravděpodobně účastnit mimo jiné prostřednictvím poskytování údajů.

Datový sandbox

Datové sandboxy jsou testovací prostředí, kde mohou společnosti experimentovat s novými produkty a službami založenými na datech nebo komponentami produktů či služeb, které se zakládají na datech v podobném prostředí. V datovém sandboxu mají společnosti volnost při testování nových prvků produktu pomocí dat z reálného světa nebo syntetických dat v kontrolovaném prostředí.

Společnosti by mohly vytvářet modely založené na datech, které by tvořily součást obchodního modelu nebo služby a které by nutně nemusely přímo zahrnovat aktivitu na finančním trhu. Orientačně by jedním z příkladů možného případu použití datového sandboxu byl věřitel z FinTechového odvětví, který by chtěl vytvořit a ověřit model pro posouzení úvěruschopnosti potenciálních dlužníků, založený na strojovém učení. Veškeré datové soubory finančních údajů malých a středních podniků (např. metriky dluhu včetně historie splácení dluhu, výše dluhu, úvěrová skladba, kapacita dluhu, metriky týkající se zastaveného kolaterálu, tradiční úvěrové ohodnocení), které jsou FinTechovým společnostem zpřístupněny v souvislosti s tímto datovým sandboxem, v kombinaci s dalšími netradičními údaji, by jim umožnily vytvářet, kalibrovat a ověřovat nové modely pro alternativní úvěrové ohodnocení.

Takový datový sandbox může FinTechovým společnostem v České republice nabídnout několik klíčových výhod. Datový sandbox by pomohl podpořit inovace tím, že by společnostem poskytl přístup k datům z reálného světa nebo k syntetickým datům napodobujícím reálný svět, což by jim umožnilo testovat, trénovat a ověřovat nové produkty a technologie. FinTechové společnosti mají často problém se získáním přístupu k cenným datovým souborům, přestože jejich produkty na datech závisejí, protože tato data jsou v soukromém vlastnictví finančních institucí nebo veřejného sektoru a pro FinTechové společnosti může být nákladné nebo jednoduše nemožné se k nim dostat. V závislosti na poskytnutých údajích by mělo být posouzeno, kdo bude mít k údajům přístup a na základě jakých právních a technologických závazků. Teoreticky by se na veřejné údaje neměla vztahovat žádná omezení. Některé orgány již skutečně zpřístupňují velké množství veřejných údajů, a to s různými možnostmi přístupu, včetně stahování údajů a přístupu prostřednictvím API (viz například Tabulka 2.2). U syntetických dat mohou zůstat zachovány jiné citlivosti než soukromí, které se řeší v procesu generování. Orgán FCA a španělská centrální banka neposkytly ke svým syntetickým datům přístup mimo sandbox (viz níže).

Kromě toho může datový sandbox účastníkovi nabídnout různé technologické nástroje k usnadnění přístupu k datům, manipulaci s daty a jejich analýze a k vytváření dalších funkcí údajů.

Koncept datového sandboxu získal celosvětový význam jako způsob, jak mohou regulační orgány umožnit experimenty s novými finančními technologiemi a zároveň řídit veškerá související rizika. Cílem těchto datových sandboxů je vytvořit příznivé prostředí pro inovace a růst ve finančním sektoru a zároveň zajistit ochranu spotřebitelů a udržení stability finančního systému. Některé možné typy dat, které by v datovém sandboxu bylo možné sdílet a zpřístupnit, aby je FinTechové společnosti mohly využívat, jsou uvedeny v Tabulka 2.2 níže.

Doporučení pro zřízení „standardního" regulatorního sandboxu jako prvního kroku umožní českým orgánům shromáždit veškeré datové soubory, které nemusí být okamžitě k dispozici, nebo formátovat ty, které nejsou k dispozici ve formátu, jenž by umožnil jejich využití společnostmi. Současně by to poskytlo určitý čas na provozní přípravu v rámci orgánu (např. pokud jde o požadavky na IT infrastrukturu nebo jmenování externích konzultantů v případě outsourcingu). České orgány vyžadují jako první krok informace o dostupnosti takových datových souborů (v současné době nebo v blízké budoucnosti) a o tom, zda by mohly být zpřístupněny v nějaké formě (např. anonymizované nebo prostřednictvím jiných metod ochrany soukromí, syntetické nebo jiné), aby bylo možné posoudit proveditelnost datového sandboxu.

Syntetická data v datovém sandboxu

Syntetická data jsou vytvářena uměle za účelem replikace statistických složek reálných dat. Aby bylo možné generovat syntetická data, musí být k dispozici také přístup k reálným datům, a to i pro některé techniky generování syntetických dat, jako jsou multiagentní modelování a generativní adversariální sítě (GAN). Po úspěšném vygenerování syntetických dat však tato data nemusí být sdílena s jinými subjekty. Proces generování syntetických dat poskytuje alternativu k reálným datům a může produkovat nevyčerpatelné množství simulovaných dat a potenciálně levnější způsob, jak zlepšit schopnost předpovědi a zvýšit robustnost modelů strojového učení, zejména tam, kde jsou reálná data vzácná nebo drahá nebo obsahují informace umožňující zjištění totožnosti, které nelze sdílet. Důležité je, že syntetická data nejsou anonymizovaná, protože jsou vytvářena pro umělé subjekty. Generování syntetických dat vyžaduje vysokou statistickou a technologickou odbornost.[1] Při vývoji syntetických datových sad orgán FCA spolupracoval s účastníky z odvětví finančních služeb, inovátory, akademiky, technology a datovými vědci. V pilotním projektu zaměřeném na syntetická data ve Španělsku bylo cílem vytvořit soubor syntetických dat a analyzovat, zda mohou pro účely testování nahradit data z reálného světa. Syntetická data byla získána z původních důvěrných údajů uchovávaných vnitrostátním orgánem dohledu (španělská centrální banka). Skutečná data nikdy neopustila prostory orgánu dohledu a žádný externí uživatel k nim neměl přístup; orgán dohledu zůstává zákonným vlastníkem syntetických dat a proces generování byl proveden pomocí softwaru poskytnutého soukromou společností, jejíž služby byly získány prostřednictvím nabídkového řízení.

Co se týče využívání syntetických dat v českém datovém sandboxu, doporučuje se této možnosti v prvních fázích vývoje sandboxu vyhnout, pokud neexistuje ochota využít důležité zdroje, a to jak interně / již existující, tak externě z hlediska poskytovatelů specializovaných služeb, které nemusí být dostupné v rámci českých orgánů. V budoucnu mohou české orgány v závislosti na dostupnosti zdrojů a zkušenostech s regulatorním sandboxem zvážit zapojení do fáze datového sandboxu, která bude náročnější na zdroje a bude zahrnovat syntetické datové soubory.

Vytváření syntetických dat, která by mohla být pro FinTechové společnosti pro účely testování a validace produktů užitečná, vyžaduje přístup k datovému souboru z reálného světa. Jinak tato data nelze vytvořit. Pokud například jednotlivci nemají k dispozici mikroúdaje o úvěrech, není možné vytvořit syntetický datový soubor s podobnými statistickými vlastnostmi.[2] K vytvoření syntetického datového souboru je navíc nutné znát všechny distribuční parametry skutečného datového souboru, které lze získat pouze spoluprací s datovými specialisty. A konečně, pokud by takový syntetický datový soubor měl být vytvořen, musí FinTechové společnosti také věřit, že soubor je statisticky podobný skutečným údajům, což je v tomto procesu klíčovým faktorem. Syntetická data mohou být rovněž plně v souladu s povinnostmi v oblasti ochrany údajů (ve srovnání s anonymizací a pseudonymizací, kde stále existuje riziko zpětného vysledování jednotlivců). Praktické příklady datových sandboxů lze nalézt v příloze C.

Doporučení pro český datový sandbox bude záviset na analýze proveditelnosti takového počinu. Proveditelnost datového sandboxu v České republice bude do značné míry záviset na datových souborech, jež lze zpřístupnit, s přihlédnutím k právním a technickým omezením ve vztahu ke společnostem zapojeným do takového zprostředkovatele. Rovněž bude záviset na přidělení kapacity, jak z hlediska počtu, tak z hlediska technických dovedností, aby byl jeho provoz možný. Finanční a jiné orgány navíc nemusí mít k dispozici údaje, které jsou pro FinTechové společnosti cenné. Je proto důležité dobře porozumět datovým potřebám českých FinTechových společností prostřednictvím dialogu a průzkumů. Tabulka 2.2 uvádí typy datových souborů, které byly globálně zpřístupněny v datových nebo jiných regulatorních sandboxech v zemích OECD i mimo OECD, přičemž v závislosti na dostupnosti českých orgánů by bylo třeba zvážit i další zdroje údajů, které nejsou v této tabulce zahrnuty. Výběr datových typů by měl být proveden s ohledem na potřeby českých FinTechových společností prostřednictvím dialogu v rámci regulatorního sandboxu.

Tabulka 2.2. Datové soubory zpřístupněné FinTechovým společnostem v datových nebo jiných sandboxech v zemích OECD i mimo OECD

Typ dat	Datové soubory	Typ	Příklad zavedeného sandboxu (země)
Finanční data	Úvěry malým a středním podnikům: historie úvěrů, historie kreditních karet, historie běžných účtů, ředitelé malých a středních podniků, úvěry související s pandemií COVID-19, faktoring, zisk a ztráta, pohledávky, poskytovatelé úvěrů	Syntetická	Digitální sandbox orgánu FCA (Spojené království)
	Maloobchodní a velkoobchodní bankovní operace	Syntetická	Digitální sandbox orgánu FCA

Typ dat	Datové soubory	Typ	Příklad zavedeného sandboxu (země)
			(Spojené království)
	Datový soubor pro řešení problémů s aktivy	Syntetická	Digitální sandbox orgánu FCA (Spojené království)
	ESG – dluhopisy spojené s udržitelností	Syntetická	Digitální sandbox orgánu FCA (Spojené království)
	Údaje o zařízení související s rychlejším využíváním plateb	Syntetická	Digitální sandbox orgánu FCA (Spojené království)
	Roční účetní závěrky vykazované nefinančními podniky	Syntetická	Pilotní projekt španělské centrální banky zaměřený na syntetická data (Španělsko)
	Úvěry poskytnuté právnickým osobám (rezidentům a nerezidentům), vykázané do centrálního registru úvěrů	Syntetická	Pilotní projekt španělské centrální banky zaměřený na syntetická data (Španělsko)
	Makrofinanční veřejné údaje – úrokové sazby a směnné kurzy, peněžní zásoba[1]	Skutečná	Internetové stránky Singapurského měnového úřadu (Singapur)
	Údaje ze základního bankovního systému[2]	Testovací data	Sandbox APIX (AFIN[3])
	Zveřejňování informací o veřejných podnicích (pravidelné účty)	Skutečná	Pilotní režim ve FinTechovém odvětví (Izrael)
	Data o obchodování na burze v Tel Avivu	Skutečná	Pilotní režim ve FinTechovém odvětví (Izrael)
	Veřejné údaje o veřejné správě[4]	Skutečná	Platforma pro otevřená data (Kolumbie)
Nefinanční data	Družicová data o planetě	Syntetická	Digitální sandbox orgánu FCA (Spojené království)
	ESG – data o spotřebě energie v podnicích	Syntetická	Digitální sandbox orgánu FCA (Spojené království)
	ESG – výroba cementu, železa a oceli	Skutečná	Digitální sandbox orgánu FCA (Spojené království)
	ESG – Evropský červený seznam	Skutečná	Digitální sandbox orgánu FCA (Spojené království)
	ESG – Ukazatele cílů udržitelného rozvoje	Skutečná	Digitální sandbox orgánu FCA (Spojené království)
	Veřejné údaje o veřejné správě[4]	Skutečná	Platforma pro otevřená data (Kolumbie)

Poznámky:

1. Singapurský měnový úřad (MAS) poskytuje vývojářům rozhraní pro programování aplikací (API) pro přístup k relevantním datům z úřadu MAS a využívání datových souborů k zefektivnění aplikací a systémů; vláda Singapuru (2022[3]), Monetary Authority of Singapore (MAS) APIs – Streamlining of Financial Applications through Data Singapore Government Developer Portal, https://www.developer.tech.gov.sg/products/categories/data-and-apis/mas-apis/overview.html.
2. APIX (2023[4]), Sandbox | Společné integrované vývojové prostředí (IDE).
3. AFIN je neziskový subjekt, který byl vytvořen společně Singapurským měnovým úřadem (MAS), Mezinárodní finanční korporací Skupiny Světové banky (IFC) a Asociací bankéřů ASEAN.
4. Ministerstvo informačních technologií a komunikací (2023[5]), Datos Abiertos Colombia, https://www.datos.gov.co/.

2.2. Úvahy v oblasti regulace a dohledu

Podrobná doporučení pro návrh v následujících sekcích se týkají doporučení regulatorního sandboxu, protože možnost datového sandboxu nemá regulatorní složku a může být zřízena mimo české orgány podle uvážení zúčastněných stran.

2.2.1. Limity testovacího prostředí

Doporučená struktura českého regulatorního sandboxu nedoporučuje poskytovat žádné výjimky, omezená povolení nebo jiné zmírnění stávajících platných pravidel, které by bylo v každém případě v rozporu s pravidly EU. Doporučuje se, aby se u firem účastnících se českého regulatorního sandboxu a dle uvážení orgánů přiměřeně uplatňovaly stávající požadavky na regulaci a dohled, které spadají do regulace finančních služeb EU. Tato přiměřenost se může vztahovat na proces správy a řízení, požadavky na systém a kontrolu, složení představenstva, finanční zdraví, pověst, zkušenosti s řízením a dosavadní výsledky (Deloitte, 2017[6]). Orgány by měly uplatňovat přiměřenost v jednotlivých případech v závislosti na obchodním modelu a platných pravidlech. Mělo by být zváženo doplnění záruk na ochranu spotřebitelů na finančním trhu, pokud je k dispozici posouzení existence mimořádných rizik nebo pokud stávající regulační rámec neřeší rizika spojená s testovanou inovací.

Různé jurisdikce zvolily různé kombinace povolených a zakázaných činností pro společnosti, které se účastní regulatorních sandboxů. Konečné hranice v daném zkušebním režimu jsou výsledkem právních předpisů a předpisů vztahujících se na poskytovatele finančních služeb, na finanční produkty a celkové cíle, které orgány při vytváření testovacího prostředí sledují. Většina zemí, které regulatorní sandbox zavedly, se nerozhodla jej stanovit definováním nového právního režimu, a proto jsou právní hranice testovacího prostředí určovány stávajícím licenčním režimem a diskreční pravomocí, kterou mají příslušné orgány dohledu k dispozici (EBRD, 2019[7]). Větší rozdíly mezi ustanoveními testovacího prostředí a standardním regulačním licenčním režimem by vyžadovaly, aby byl v právních předpisech vymezen zvláštní právní režim pro testovací prostředí, jehož dokončení by mohlo trvat dlouho, čímž by došlo k odložení implementace regulatorního sandboxu. Dále by to mohlo být v rozporu s myšlenkou technologické neutrality, kterou orgány dohledu sledují. Některé jurisdikce se nicméně rozhodly změnit stávající právní předpisy s ohledem na inovativní poskytovatele finančních služeb (Austrálie, Švýcarsko) a jejich režimy obvykle zahrnují širší soubor výjimek pro FinTechové společnosti.

Právní možnosti, které pro účastníky dříve zavedených regulatorních sandboxů po celém světě stanovují hranice v oblasti regulace a prosazování, jsou následující:

Omezené povolení – Částečné povolení umožňuje udělit povolení k provozování regulované činnosti, ale omezuje počet zákazníků, kteří se testu účastní, nebo počet produktů nabízených zákazníkům. Spojené království nabízí omezené povolení pro společnosti účastnící se regulatorního sandboxu. Zavedení omezené licence nevyžadovalo ve Spojeném království zvláštní právní předpisy. Ve Švýcarsku mohou společnosti v sandboxu získat nebo investovat veřejné prostředky až do výše 1 milionu CHF bez získání licence. Tuto výjimku zavedla Švýcarská spolková rada. Současně byla do švýcarského bankovního zákona zavedena samostatná „FinTechová licence", která nesouvisí s účastí v sandboxu. FinTechová licence ve srovnání s plnou bankovní licencí poskytuje zjednodušení a nižší požadavky na vstup na trh.

Proporcionální povolení – Regulatorní sandboxy zřízené v členských zemích EU stanoví, že v rozsahu, v jakém účast v regulatorním sandboxu zahrnuje výkon regulované činnosti, je potřeba mít příslušnou licenci. Veškeré rozdíly mezi požadavky na řádnou žádost o licenci a požadavky na žádost podanou účastníkem regulatorního sandboxu souvisí s výkladem myšlenky proporcionality příslušným orgánem dohledu, který tento orgán uplatňuje podle svého uvážení. To ve skutečnosti znamená, že stejná proporcionalita platí pro žádost o licenci podanou společností, která se sandboxu neúčastní. V opatřeních EU v oblasti finančních služeb jsou zakotveny nástroje, které umožňují přiměřené uplatňování požadavků na regulaci a dohled. Společná zpráva evropských orgánů dohledu (ESA) poukazuje na proces správy a řízení a požadavky na systém a kontrolu, které jsou pro zohlednění proporcionality vhodné. Pro účely konkrétního příkladu ES uvádí, že systém správy a řízení podléhá proporcionalitě v právních předpisech EU v oblasti bankovnictví a pojišťovnictví (ESMA, EBA and EIOPA, 2019[2]).

Jako doplněk k určitým úlevám v oblasti dohledu mohou být uložena omezení nebo restrikce ke snižování rizik. Uložení omezení nebo jiných restrikcí lze považovat za nástroj k zajištění proporcionality v procesu udělování licencí nebo dohledu. V praxi se členské země EU při zavádění proporcionality pro inovativní společnosti a ve snaze snižovat hranice, které nemusí nutně sloužit účelu pravidla, zaměřily na činnosti, kde je právní režim stanoven ve vnitrostátních právních předpisech, zatímco ve vztahu k právním předpisům EU se využívá mnohem užší prostor pro uvážení. Nizozemsko, Litva a Rakousko uvedly, že jejich příslušné regulatorní sandboxy nepředstavují nový právní režim ani zjednodušenou licenci. Požadavky na dohled mohou být spíše upraveny případ od případu v rámci oblasti působnosti zásady proporcionality pro dohled, a to v závislosti na obchodním modelu, pokud to právní předpisy umožňují. V Litvě se režim regulatorního sandboxu řídí usnesením litevské centrální banky. V Rakousku bylo zřízení a fungování regulatorního sandboxu dosaženo prostřednictvím legislativní změny v základním právním rámci Orgánu finančního dohledu (FMA). Podle rakouských úředníků měla potřeba stanovit provoz regulatorního sandboxu v určeném zákoně dva důvody – prvním bylo zajistit, aby byly orgánu FMA poskytnuty dodatečné zdroje na provoz regulatorního sandboxu; druhým bylo, aby zákon chránil orgán FMA před obviněním, že ve výběrovém řízení na regulatorní sandbox došlo k chybě. V Nizozemsku nebyly provedeny žádné zvláštní změny právních předpisů. Mimo EU umožňují regulatorní sandboxy v Hongkongu, z nichž každý funguje pod dohledem různých orgánů finančního dohledu, orgánům dohledu vykonávat pravomoci dle vlastního uvážení, ale nebyl zaveden žádný nově vytvořený soubor právních předpisů nebo nařízení týkajících se regulatorního sandboxu.

Výjimka pro skupinu – Australská komise pro cenné papíry a investice (ASIC) vydala pro účastníky regulatorního sandboxu výjimku pro skupinu / licenční výjimku pro FinTechové společnosti. Rozsah výjimky je poměrně široký, protože účast v australském regulatorním sandboxu je udělována spíše na základě zákona než na základě žádosti a inovace přitom nejsou podmínkou. Účastník může využít výjimky po oznámení komisi ASIC, ale pouze po omezenou dobu, a do výjimky pro skupinu nejsou zahrnuty všechny typy služeb (nevztahuje se na vydávání finančních produktů nebo poskytování úvěru). V Austrálii bylo vydání výjimky pro skupinu v pravomoci komise ASIC a v souladu s jejím mandátem.

Individuální poradenství – Inovační centra často plní úlohu předběžné fáze režimu regulatorního sandboxu. Inovační centra poskytují specializovaný kontaktní bod, na jehož základě mohou podniky vznášet dotazy u příslušných orgánů a usilovat o nezávazné pokyny, které se týkají očekávání v oblasti regulace a dohledu, včetně požadavků na udělení licence. Celkově neexistují žádné právní překážky, které by stávající právní předpisy představovaly pro zřizování inovačních center v jurisdikcích EU, a mnoho členů takové centrum zřídilo. Práce a mandát inovačních center se příliš neliší od zavedených postupů, kdy orgány dohledu odpovídají na dotazy nezávazným způsobem, ale jurisdikce se zaměřují na zvýšení úrovně technických odborných znalostí spojených s těmito centry a také na určení specializovaných týmů pro dané téma. Některé příslušné orgány doplňují svá inovační centra zvláštními navazujícími systémy. Významnou součástí většiny regulatorních sandboxů je také poradenství. Účast v regulatorním sandboxu vede k nepřetržité komunikaci a výměně mezi zúčastněnými společnostmi a orgánem dohledu. Jedním z cílů regulatorních sandboxů je pomoci společnostem lépe porozumět očekáváním v oblasti dohledu, uplatňování stávajícího regulačního rámce a požadavkům na dodržování předpisů a k jeho dosažení je zapotřebí mnoho komunikace. Důležité je zmínit, že mnoho vývojářů finančních inovativních řešení má spíše technologické než finanční zázemí, a proto mají s ohledem na chápání požadavků finanční regulace nízký výchozí bod. Dalším důležitým cílem na straně orgánu dohledu je zvýšit povědomí a znalosti regulačního orgánu o inovativních produktech, aby bylo možné lépe posoudit rizika nových obchodních modelů a základních technologií. Vzhledem k tomu, že neexistuje široký prostor pro regulační úlevy, stává se tato vlastnost ještě významnější jako jedna z hlavních výhod a lákadel zřízení regulatorního sandboxu pro zúčastněné společnosti i pro orgán dohledu.

V Izraeli je pilotní režim pro FinTechové odvětví provozován společně Izraelským inovačním úřadem (IIA) a Izraelským úřadem pro cenné papíry (ISA). Rámec nenabízí žádné regulační výjimky a platí obecná pravidla. Součástí regulatorního sandboxu není fáze povolování a přijatá společnost by se měla testu účastnit s licencí, nebo bez ní, jak to vyžadují stávající zákony. Úřad ISA nabízí regulační pokyny, pokud dotčená společnost spadá do její jurisdikce, a dva další orgány dohledu, tj. orgán dohledu nad platebními systémy a orgán dohledu nad bankami spadající pod izraelskou centrální banku, se účastní jako pozorovatelé. Jedinečným rysem izraelského testovacího režimu je, že přijaté společnosti dostávají finanční podporu na testování (viz níže).

Žádná donucovací opatření – Orgán FCA ve Spojeném království má právo vydat oznámení o neexistenci donucovacích opatření, v němž se uvádí, že proti testovacím činnostem nebudou přijata žádná donucovací opatření ze strany FCA. Závazek orgánu FCA nepřijímat donucovací opatření se vztahuje na období od vydání oznámení do doby, než je testování dokončeno nebo uzavřeno ze strany FCA. Je důležité poznamenat, že se tím řeší pouze riziko donucovacích opatření ze strany orgánu FCA a neomezuje odpovědnost FinTechových společností vůči jejich zákazníkům. Litevská centrální banka ve svém usnesení o zřízení regulatorního sandboxu prohlásila, že nebude přijímat donucovací opatření vůči účastníkům finančního trhu, kteří působí v regulatorním sandboxu. V obou případech není tento závazek zaručen a v extrémních případech existují určitá omezení jeho provádění.

Obecně platí, že regulatorní sandboxy nenabízejí v testovacím prostředí žádné úlevy s ohledem na regulační požadavky v těchto třech oblastech (Deloitte, 2017[6]; EBRD, 2019[7]):

- ustanovení o ochraně spotřebitele,
- ustanovení o ochraně údajů,
- dodržování povinností v oblasti AML/CFT.

Regulatorní sandboxy navíc nenabízejí řešení několika neregulačních překážek, s nimiž se FinTechové společnosti často potýkají a které souvisejí s jejich obchodními modely. Účast v regulatorním sandboxu FinTechovým společnostem nezaručuje otevření bankovního účtu, což je běžný problém spočívající v tom, že banky někdy odmítají otevřít bankovní účet FinTechovým společnostem kvůli regulačním pravidlům AML, která se na ně vztahují. Sandboxy, včetně těch, která se zaměřují na data, nemohou nabízet přístup k údajům na individuální úrovni, protože by to buď představovalo porušení pravidel ochrany soukromí, nebo jsou tyto údaje ve většině případů vlastnictvím zavedených subjektů. Orgány dohledu umožňují, a dokonce podporují, aby se partnerství mezi velkými společnostmi (zavedenými společnostmi) a začínajícími podniky vztahovalo na regulatorní sandbox, a to jak za účelem podpory inovací založených na datech, tak proto, že tyto společné projekty řeší problém spočívající v tom, že FinTechové společnosti nemají licenci, neboť mohou fungovat jako třetí strana a povinnosti dohledu přebírá zavedená společnost. I když je to zřejmé, regulatorní sandbox pro inovativní službu nebo produkt nezaručuje spotřebitelskou základnu, což může být také důvodem selhání testu.

Regulatorní sandbox může při zřizování testu nabídnout finanční pomoc. V Izraeli tato finanční podpora představuje jeden z hlavních přitažlivých faktorů testovacího prostředí, protože poskytovaná regulační pomoc má pouze podobu individuálního poradenství. Míra finanční podpory přijatým společnostem se pohybuje od 20 % do 50 % schválených výdajů spojených s testováním. Finanční podpora ve výjimečné výši 60 % schválených výdajů bude poskytnuta programu, který má potenciál mít mimořádný dopad na zefektivnění a zlepšení kapitálových trhů nebo odvětví finančních služeb v Izraeli.

Na základě výše zmíněných zkušeností jiných jurisdikcí EU a OECD a podmínek českého FinTechového prostředí se doporučuje, aby český regulatorní sandbox neposkytoval žádné výjimky, omezená povolení nebo jiné zmírnění stávajících platných pravidel, které by byly v každém případě v rozporu s pravidly EU. Doporučuje se, aby se u firem účastnících se českého regulatorního sandboxu a dle uvážení orgánů přiměřeně uplatňovaly stávající požadavky na regulaci a dohled, které spadají do regulace finančních služeb EU. Tato přiměřenost se může vztahovat na proces správy a řízení a požadavky na systém a na kontrolu, složení představenstva, finanční zdraví, pověst, zkušenosti s řízením a dosavadní výsledky (Deloitte, 2017[6]). Orgány by měly uplatňovat přiměřenost v jednotlivých případech v závislosti na obchodním modelu a platných pravidlech.

2.2.2. Dohled regulačních orgánů a orgánů dohledu

Doporučením, které českému regulatornímu sandboxu umožní maximalizovat provozní přínosy a zlepšit šíření regulační jasnosti na jedné straně a porozumění obchodním modelům ze strany orgánů na straně druhé, je, aby regulatorní sandbox zřídily české orgány, a to podle vzoru všech regulatorních sandboxů v EU. Zkušenosti s těmito regulatorními sandboxy v EU ukázaly, že FinTechové společnosti těží z nezprostředkované výměny znalostí s orgány. To je pozitivní jak z hlediska schopnosti inovátorů porozumět požadavkům v oblasti regulace a dohledu, tak i z hlediska možnosti přímo představit svá specifika českým orgánům a prohloubit tak vzájemné porozumění. Podnikům podílejícím se na regulatorním sandboxu nebudou v rámci licenčního řízení uděleny žádné výjimky nad rámec výjimek stanovených vnitrostátními a evropskými právními předpisy. Ke zřízení regulatorního sandboxu tedy není třeba legislativních změn, neboť doporučená podoba českých regulatorních sandboxů nezahrnuje neuplatňování regulačních povinností, které mají být uloženy v důsledku práva EU anebo vnitrostátního práva. České orgány mohou regulatorní sandbox zřídit vnitřním aktem nebo vyhrazením míst pro koordinaci jeho činnosti v rámci příslušných orgánů.

Doporučuje se, aby český regulatorní sandbox neposkytoval žádnou formu výjimek. Testování v regulatorních sandboxech znamená umožnit poskytování inovativních finančních služeb na reálném trhu (případně v části trhu) pod intenzivním dohledem českých orgánů a při pravidelných vzájemných konzultacích, které následují až po získání příslušné licence. Účastníci mohou využívat poradenství týkající se souladu jejich činnosti s platnými předpisy a pomoc při získávání licence.

Rovněž by bylo možné předpokládat, že datový sandbox bez regulatorní složky by mohl být zajišťován externě nebo existovat mimo české orgány, i když i v rámci této alternativy by se orgány musely pravděpodobně účastnit mimo jiné prostřednictvím poskytování údajů.

Během testovací fáze probíhají pravidelné konzultace mezi účastníky a českými orgány, během nichž budou účastníci povinni podávat zprávy o procesu testování a veškeré další relevantní informace. Tyto pravidelné konzultace by měly být koordinovány specializovaným pracovníkem regulatorního sandboxu a účastní se jich zástupci českých orgánů, např. zástupci sekce dohledu nad finančním trhem, sekce licenčních a sankčních řízení, sekce regulace a mezinárodní spolupráce nebo FinTechového týmu.

Účastník musí uživatele svého finančního produktu jasně informovat o tom, že produkt je poskytován v testovacím režimu regulatorního sandboxu. Pokud účastník nedodrží plán testování, mohou české orgány použít standardní mechanismy, jako je výzva k nápravě nebo pokuta, není-li nápravy dosaženo ve stanovené lhůtě.

Regulatorní sandbox rovněž umožní zapojit se do přeshraničního testování v EU. Například platforma EU pro digitální finance umožní testování ve dvou či více regulatorních sandboxech v různých členských státech, což usnadní viditelnost testů mezi vnitrostátními orgány zapojenými do testování. Rámec přeshraničního testování je vyvíjen Evropským fórem zprostředkovatelů inovací a tvoří bránu k testování v regulatorním sandboxu, do něhož je zapojeno několik vnitrostátních orgánů.[3]

Je třeba poznamenat, že příslušné orgány jiných zemí EU, jako jsou Dánsko, Litva, Nizozemsko a Polsko, jakož i Spojeného království, uvedly, že základ jejich iniciativ v oblasti regulatorních sandboxů tvoří jejich statutární cíle přispívat k finanční stabilitě, podporovat důvěru ve finanční sektor ve svých jurisdikcích a chránit spotřebitele. Vzhledem k tomu, že regulatorní sandboxy mohou orgány a společnosti využívat k tomu, aby prostřednictvím testování lépe porozuměly příležitostem a rizikům, které inovace představují, mohou získané poznatky sloužit jako podklad pro vhodnou reakci v oblasti regulace a dohledu. Tato reakce by mohla mít například podobu nového souboru pravidel dohledu týkajících se požadavků na zveřejňování informací při prodeji konkrétního nového finančního produktu s cílem zajistit odpovídající stupeň ochrany spotřebitelů nebo zákazu prodeje produktu, pokud je zjištěno riziko vážné újmy pro spotřebitele. Vzhledem k tomu výše uvedené orgány nevnímají proces regulatorního sandboxu jinak než jakýkoli jiný nástroj, který mají při vytváření politik v oblasti regulace a dohledu ve vztahu k nově vznikajícím činnostem k dispozici (ESMA, EBA and EIOPA, 2018[8]).

2.2.3. Rozsah regulatorního sandboxu

Rozsah regulatorního sandboxu je důležitým aspektem, který určuje flexibilitu a efektivitu rámce. Návrh regulatorního sandboxu pro Českou republiku by se měl řídit principy podpory inovací při současném zajištění finanční stability a ochrany spotřebitele. Rozsah regulatorního sandboxu by měl být jasně vymezen, a to s přihlédnutím ke stávajícímu regulačnímu prostředí, kompetenci příslušných orgánů a potenciálním meziodvětvovým dopadům nových finančních technologií.

Rozsah regulatorních sandboxů je obvykle určen posláním orgánu v oblasti dohledu a charakteristikami domácího finančního sektoru, na který dohlíží. FinTechové společnosti však často porušují konvenční hranice oddělující různá odvětví finančních služeb (např. platformy pro finanční agregaci) nebo nabízejí nápady, které by mohly efektivitu zvýšit horizontálně napříč odvětvími (např. v oblasti řízení rizik). Vědci zdůrazňují nepříznivost odvětvových limitů, protože zvětšují již existující regulační překážky a potenciálně brání meziodvětvovým inovacím tím, že omezují úspory z rozsahu (Parenti, 2020[9]).

Většinu regulatorních sandboxů, které se nyní v EU používají (Dánsko, Maďarsko, Litva, Lotyšsko a Malta), provozuje integrovaný vnitrostátní orgán dohledu, který zahrnuje celý finanční sektor (např. bankovnictví, investiční činnosti a služby, pojišťovnictví). V Nizozemsku spolupracují na provozování regulatorního sandboxu orgány dohledu nad bankovnictvím a kapitálovými trhy, které používají model finančního dohledu „dvou vrcholů". V jiných zemích s odvětvovými orgány dohledu je jedním z plánovaných regulatorních sandboxů kombinovaná činnost všech odvětvových orgánů dohledu (pokud jsou tyto informace přístupné, například Španělsko a Itálie). Ve vztahu k inovačním centrům se odvětvová omezení objevují častěji, opět je to především z důvodu omezení pravomocí orgánu dohledu. V těchto situacích uplatňují společně provozovaná inovační centra (např. v Belgii a Nizozemsku) výhody v podobě automatizované výměny informací, účinné metody odpovídání na dotazy a lepšího monitorování problémů napříč odvětvími. Aby se snížilo nebezpečí vzniku roztříštěných meziodvětvových postupů, je zapotřebí lepší spolupráce v oblasti regulace a metod sdílení informací mezi odvětvovými regulačními orgány tam, kde taková kombinovaná činnost není proveditelná (Parenti, 2020[9]).

Je nezbytné, aby kritéria způsobilosti, parametry regulatorního sandboxu, dozor, dohled a výstupní kritéria byly dobře definovány a zároveň umožňovaly určitou míru flexibility. Dobře vymezená a flexibilní oblast působnosti může zajistit, že regulatorní sandbox bude schopen podporovat inovace a zároveň zajišťovat ochranu spotřebitelů a integritu finančního systému. V neposlední řadě je důležité mít na paměti, že rozsah regulatorního sandboxu se může v průběhu času měnit s tím, jak se FinTechové odvětví a regulační prostředí vyvíjejí, a proto je určitá míra flexibility důležitá.

Zúčastněné vládní instituce by měly zahrnovat mimo jiné orgány dohledu a regulace. Tyto instituce by měly s ohledem na regulatorní sandbox zvážit řadu možností, jako je umožnit testování nových produktů a služeb v kontrolovaném prostředí, určit příslušné předpisy pro určité činnosti a usnadnit vývoj nových technologií a obchodních modelů.

Návrh regulatorního sandboxu pro Českou republiku by se měl řídit principy podpory inovací při současném zajištění finanční stability a ochrany spotřebitele. Rozsah regulatorního sandboxu by měl být jasně vymezen, a to s přihlédnutím ke stávajícímu regulačnímu prostředí, kompetenci příslušných orgánů a potenciálním meziodvětvovým dopadům nových finančních technologií.

Doporučená oblast působnosti českého regulatorního sandboxu je meziodvětvová bez omezení týkajících se odvětví činnosti za předpokladu, že přímo či nepřímo spadá do působnosti finančních orgánů. V této souvislosti se výrazem „nepřímo" rozumí finanční činnost, která nemusí spadat pod definici činností vyžadujících povolení od orgánů, ale přesto může mít dopad na finanční sektor. Žadatelé z řad společností musí splňovat kritéria způsobilosti uvedená níže (sekce 2.3.2).[4]

Kromě toho by regulatorní sandbox mohl být „standardním“ regulatorním sandboxem v souladu se zavedenými sandboxy v EU anebo by mohl být rozšířen o možnosti sdílení údajů. Doporučením pro český regulatorní sandbox je začít se zřízením „standardního“ regulatorního sandboxu a do maximální možné míry jej doplnit ustanovením o sdílení dat, pokud to podmínky dovolí. Podmínky pro tuto možnost budou založeny na i) dostupnosti datových souborů a schopnosti je zpřístupnit; ii) kapacitě orgánů účastnících se regulatorního sandboxu.

Rovněž by bylo možné předpokládat, že datový sandbox by mohl být zřízen mimo české orgány (anebo zajišťován externě). FinTechové společnosti zapojené do tohoto datového sandboxu by mohly vytvářet modely založené na datech, které by tvořily součást obchodního modelu nebo služby a které by nutně nemusely přímo zahrnovat aktivitu na finančním trhu. I v rámci této alternativy by se však české orgány musely pravděpodobně účastnit *mimo jiné* prostřednictvím poskytování údajů.

2.2.4. Základní právní rámec pro provoz regulatorního sandboxu

Licencování finančních služeb, které by mělo být dodržováno při udělování veškerých licencí v rámci regulatorního sandboxu

Obecným předpisem, který upravuje charakter a průběh správního řízení při udělování licence, je zákon č. 500/2004 Sb., správní řád, ve znění pozdějších předpisů. Postup a požadavky pro získání licence pro konkrétní druh finanční služby jsou stanoveny ve zvláštních odvětvových právních předpisech.[5] Podrobnosti o požadavcích, přílohách atd. jsou upraveny příslušnými vnitřními akty vydanými orgánem k provedení příslušných právních předpisů.

Zjednodušená licence

Existují určité případy, kdy zákon č. 370/2017 Sb., o platebním styku (zákon o platebním styku), ve znění pozdějších předpisů, kterým se provádí směrnice o platebních službách 2 (PSD2),[6] umožňuje poskytovatelům platebních služeb malého rozsahu a vydavatelům elektronických peněz malého rozsahu osvobození od povinnosti mít plnou licenci.[7] Namísto toho stačí požádat o zjednodušené povolení poskytovatele platebních služeb malého rozsahu podle § 59 zákona o platebním styku a o povolení vydavatele elektronických peněz malého rozsahu podle § 99 zákona o platebním styku.

Omezené licence

V určitých případech je v souladu s českým právem připojit k vydané licenci určitá omezení nebo podmínky. Tuto možnost poskytuje § 1 odst. 8 zákona č. 21/1992 Sb., o bankách, ve znění pozdějších předpisů, který stanoví, že bankovní licence „obsahuje jmenovité vymezení povolené činnosti a může obsahovat vymezení rozsahu povolené činnosti, nikoliv však ve smyslu omezení počtu jednotlivých obchodních případů, a dále může obsahovat stanovení podmínek, které musí banka nebo pobočka banky z jiného než členského státu splnit před zahájením kterékoliv povolené činnosti, popřípadě je dodržovat při výkonu kterékoliv povolené činnosti.“ Je důležité poznamenat, že toto ustanovení je v přímém rozporu se zásadou omezeného povolení, jak je uvedeno ve zprávě výše, a proto doporučená podoba regulatorního sandboxu není založena na zásadě omezeného povolení.

Možnost připojit ke schválení navrhovaného nabytí omezení nebo požadavek je v souladu s evropským právem, pokud jde o licence související s jiným přímým pojištěním než se životním pojištěním. Podle rozsudku Soudního dvora Evropské unie ze dne 25. června 2015 ve věci CO Sociedad de Gestión y Participación SA a další v. De Nederlandsche Bank NV a další jsou tato omezení nebo požadavky v souladu se směrnicí 92/49/EHS o koordinaci právních a správních předpisů týkajících se přímého pojištění jiného než životního a jejími články 15, 15a a 15b.[8]

Podle výjimek stanovených ve směrnici MiFID II v čl. 2 písm. c), která byla provedena do českého právního řádu zákonem č. 256/2004 Sb., o podnikání na kapitálovém trhu, ve znění pozdějších předpisů, platí, že „poskytování hlavní investiční služby nevyžaduje povolení podle tohoto zákona, pokud hlavní investiční službu poskytuje (...) osoba poskytující hlavní investiční službu pouze příležitostně, a to v souvislosti s výkonem jiné profesní nebo podnikatelské činnosti, pokud existuje jiný právní předpis nebo etický kodex upravující tyto činnosti a tento předpis poskytování takové hlavní investiční služby nezakazuje." Pokud by tedy účast v regulatorním sandboxu nebyla považována za nepřetržitou podnikatelskou činnost ve smyslu směrnice MiFID II, výše definované osoby by nepotřebovaly získat povolení/licenci.

V ostatních oblastech není v České republice dle platných právních předpisů možné udělovat omezené licence. Pro používání omezených licencí v rámci regulatorního sandboxu by byla nezbytná nová zvláštní úprava zákonů, které regulují licence v oblastech, kde je to v souladu s evropskou legislativou. Podobný přístup byl uplatněn například při zřizování španělského regulatorního sandboxu (Banco de España, 2022[10]).

Doporučené uplatňování diskreční pravomoci a proporcionality v oblasti dohledu v souladu se zásadami EU

Studie Evropského parlamentu o regulatorních sandboxech a inovačních centrech pro FinTechové společnosti konstatuje, že členské státy respektují hranice stanovené harmonizací EU a využívají právně zakotvené nástroje proporcionality, které umožňují diskreční pravomoc v oblasti dohledu zvážením určitých faktorů, jako je rizikový profil nebo velikost, složitost a vzájemná propojenost dotčených podniků (Parenti, 2020[9]). Jak je uvedeno výše v sekcích 2.2.1 a 2.2.2, doporučuje se, aby se na účastníky regulatorního sandboxu uplatňovala proporcionalita v souladu s platnými regulačními rámci EU, a to podle potřeby a na základě jednotlivých případů.

Existují příklady výzev k proporcionálnímu přístupu, například čl. 74 odst. 2 směrnice 2013/36/EU[9], kterým se zabývají rovněž pokyny Evropského orgánu pro bankovnictví k vnitřní správě a řízení podle směrnice 2013/36/EU (EBA, 2021[11]).

Orgán dohledu například podrobně popisuje obecné postupy pro výkon individuálního uvážení s příklady svého uvážení ve vztahu k nařízení (EU) č. 575/2013 o obezřetnostních požadavcích na úvěrové instituce a investiční podniky (Czech National Bank, n.d.[12]).[10]

U vnitrostátních pravidel upravujících oblast, na kterou se evropská pravidla nevztahují, existuje prostor pro uvážení pouze tehdy, pokud to tyto právní předpisy výslovně umožňují. V této oblasti však existuje prostor pro interní diskusi o vhodné úpravě právních předpisů za účelem zřízení regulatorního sandboxu. Česká národní banka má například více možností uplatňovat diskreční pravomoc ve vztahu k obecným pokynům, které sama vydala.[11]

Příslušné zúčastněné strany a jejich požadované zapojení

Zřízení českého regulatorního sandboxu českými orgány umožní cennou výměnu znalostí a přinese smysluplné výhody žadatelům i orgánům. Úspěšné žadatele vybírají české orgány (viz sekce 2.3.5).

Regulatorní sandbox je rovněž příležitostí, jak vycházet z osvědčených postupů interakce zúčastněných stran a sdílení znalostí prostřednictvím kulatých stolů pořádaných kontaktním místem pro FinTech. Doporučuje se zřídit poradní výbor, jehož členy by mohli být zástupci odvětví, České národní banky, Ministerstva financí ČR, další zástupci státní správy a akademické sféry, kteří by posuzovali žádosti o účast v regulatorním sandboxu. Tímto způsobem lze uplatňování kritérií způsobilosti posuzovat z více hledisek různorodého poradního výboru.

Orgán provozující český regulatorní sandbox by měl mít možnost spolupracovat se správními orgány, které odpovídají za dohled nad zúčastněnými nebo žádajícími FinTechovými společnostmi, pokud tento daný správní orgán není přímo zastoupen v sandboxu. Může se přitom vycházet ze stávajících kanálů spolupráce mezi příslušnými orgány (OECD, 2022[13]).

Vzhledem k tomu, že inovace musí být mnohostranné, neměl by být výčet partnerů konečný, ale je rozumné navázat komunikaci, a to konkrétně s Úřadem pro ochranu osobních údajů a agenturou CzechInvest, která se může podělit o své nedávné zkušenosti s podporou nových obchodních modelů v rámci projektu Technologická inkubace (Hořínek, 2022[14]).

Průmyslová sdružení mohou být důležitými partnery při šíření informací o regulatorním sandboxu mezi svými členy a jsou cenným zdrojem zpětné vazby o funkcích regulatorního sandboxu. Zástupci by mohli poskytovat své odborné znalosti v rámci poradního výboru.

Je osvědčenou praxí zveřejňovat o činnosti regulatorního sandboxu tiskové zprávy a pravidelné zprávy. Jedná se o vhodný nástroj pro transparentní popis rozsahu a míry zapojení českých orgánů se zúčastněnými aktéry, posouzení četnosti a hloubky spolupráce a zvážení úpravy podoby regulatorního sandboxu tak, aby byla zajištěna co nejvyšší efektivita. Jedná se také o příležitost ke zhodnocení počtu žadatelů a účastníků regulatorního sandboxu.

2.2.5. Ochrana spotřebitele a řízení rizik

Doporučujeme, aby český regulatorní sandbox nenabízel účastníkům žádné úlevy, pokud jde o opatření na ochranu spotřebitele stanovená regulací a dohledem, přičemž tato standardní pravidla platí v souladu s běžnou praxí v jiných regulatorních sandboxech. Na opatření na ochranu spotřebitele se obvykle nevztahují ani otázky proporcionality. Kromě toho mohou existovat omezení uložená za účelem další ochrany spotřebitelů. Konkrétní opatření, která lze v regulatorním sandboxu na ochranu spotřebitelů přijmout, jsou znázorněna na Obrázek 2.4

Obrázek 2.4. Opatření na ochranu spotřebitele

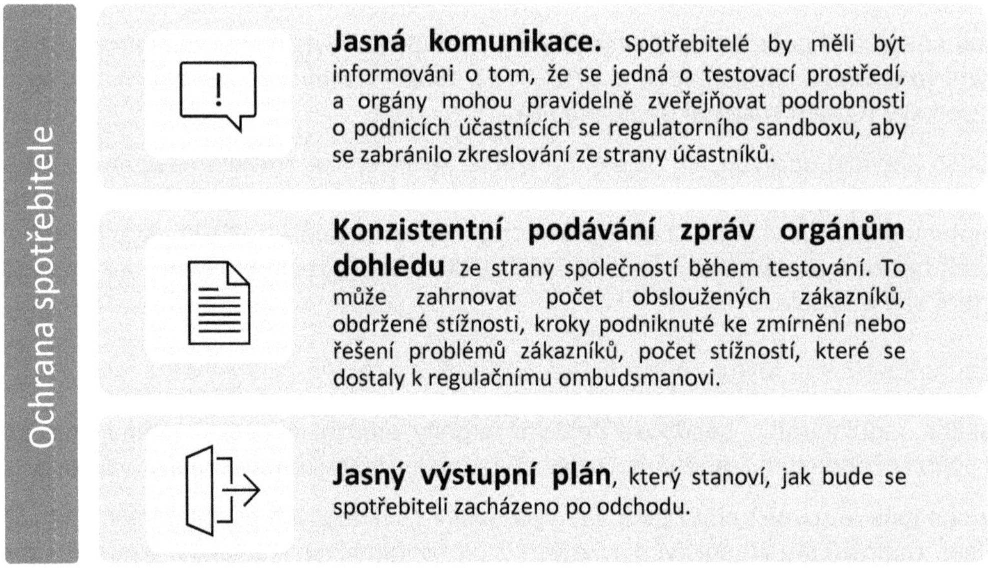

Ze společné zprávy evropských orgánů dohledu vyplývá, že regulatorní sandbox mají doprovázet kompenzační nebo nápravná opatření, pokud by v souvislosti s testováním došlo k jakékoli újmě (ESMA, EBA and EIOPA, 2019[2]). Jedná se o prospěšné opatření pro spotřebitele, které v případě přijetí bude znamenat, že při sdělování souvisejícího rizika testu bude zapotřebí méně intenzivní komunikace. Pokud však společnosti ponesou všechna rizika, mohlo by to způsobit, že regulatorní sandbox bude pro malé společnosti příliš nákladný.

Orgán FCA před spuštěním první testovací kohorty zvažoval několik možností kompenzace, a to od nenabídnutí kompenzace a vědomého souhlasu spotřebitelů až po stanovení podmínky pro vstup do regulatorního sandboxu spočívající v tom, že se podniky zavazují kompenzovat veškeré ztráty (včetně investičních ztrát) zákazníků a mohou prokázat, že k pokrytí těchto kompenzací mají dostatečné zdroje. V rámci prozatímních možností orgán FCA zvažoval, že se bude spoléhat na systém odškodnění Spojeného království u finančních služeb (FSCS), který poskytuje širokou kompenzaci pokrývající nároky týkající se vkladů, investičních obchodů, domácích financí, pojistných smluv a zprostředkování pojištění, poskytovaných podniky schválenými orgánem FCA a Úřadem pro obezřetnostní regulaci (PRA). Orgán FCA však nechtěl, aby společnosti nesly náklady na placení poplatků Úřadu finančního ombudsmana (FOS) a systému FSCS, proto se rozhodl s ohledem na zveřejňování informací, ochranu a vhodnou kompenzaci u testovací činnosti postupovat na základě individuálních případů (FCA, 2015[15]).

Švýcarsko má naproti tomu omezené záruky pro účastníky regulatorního sandboxu, kteří podle místního zřízení nemají povolení, zatímco fungují jako omezené služby, a na tyto společnosti se systém odškodnění nevztahuje (EBRD, 2019[7]). V Austrálii stanovila komise ASIC požadavky na odpovídající ujednání o odškodnění: pojištění odpovědnosti za škody při výkonu povolání s minimálním limitem 1 milionu CAD na každou jednotlivou pojistnou událost a souhrnné pojistné události a požadavek, aby společnost podnikla přiměřené kroky k získání krytí po ukončení činnosti na dobu 12 měsíců.

Podle právních předpisů EU jsou poskytovatelé platebních služeb, instituce elektronických peněz a správci informací o platebním účtu povinni poskytnout pojistnou smlouvu nebo srovnatelnou záruku jako předpoklad pro získání licence k zahájení platby nebo poskytování služby informování o účtu. Vzhledem k tomu, že navrhovaný český regulatorní sandbox nebude nabízet regulační výjimky, opatření na odškodnění a ochranu spotřebitele stanovené v každém typu licence by mělo poskytnout odpovídající ochranu, aby produkt mohl být nabídnut všem spotřebitelům. Pokud regulační orgán vyhodnotí, že jsou s konkrétním testem spojena mimořádná rizika, může použít test vhodnosti pro spotřebitele a povolit účast pouze zkušeným / akreditovaným / jiným než maloobchodním spotřebitelům. Případně může od spotřebitelů požadovat jasný souhlas s používáním služby, ve kterém vyjádří souhlas s riziky.

V mnoha regulatorních sandboxech jsou jako součást kritérií způsobilosti zahrnuta opatření pro identifikaci a zmírňování rizik (Bromberg, Godwin and Ramsay, 2017[16]). V případech, kdy je nabízena omezená licence nebo výjimka, mohou podniky nebo jednotlivci usilovat o využití své účasti v regulatorním sandboxu jako prostředku k legitimizaci svých nelicencovaných systémů. V členských státech EU by v regulatorních sandboxech, kde účastníkům nejsou nabízeny žádné výjimky z povolovacího postupu, neměly existovat další úrovně rizika kromě těch, které u všech dozorovaných činností určuje a sleduje orgán dohledu. V případě Austrálie vyvolala výjimka komise ASIC pro odvětvové licence námitky spotřebitelských skupin.

Většina ujednání o regulatorním sandboxu nevyžaduje, aby žadatelé za účelem přijetí do sandboxu používali konkrétní technologii. Regulatorní sandbox je technologicky neutrálním řešením (EBRD, 2019[7]). Vzhledem k tomu, že regulatorní sandboxy jsou zřizovány s cílem otestovat produkt, službu nebo obchodní model, se v kritériích pro podání žádosti očekává, že úroveň vývoje obchodního modelu a základní technologie je k zahájení testování dostatečně pokročilá. Tým pro dohled a poradenství v oblasti regulatorních sandboxů nejčastěji využívá zaměstnance orgánu finančního dohledu. Součástí tohoto týmu obvykle nejsou průmysloví a technologičtí odborníci, a pokud mají určitou roli, jedná se o roli ve fázi výběru testovacího prostředí. Pro společnosti, které se pro svůj produkt stále snaží najít technologické řešení, je vhodnějším místem než regulatorní sandbox inovační centrum.

Jedním z atributů, které je v doporučeních návrhu této studie proveditelnosti třeba vzít v úvahu, je přístup k datům. Značná část českých FinTechových společností skutečně využívá data a přístup k datům má potenciál podpořit další inovace. Finanční údaje na úrovni zákazníků nebo malých a středních podniků (například bankovní nebo transakční údaje) však obsahují informace umožňující zjištění totožnosti a podléhají přísným povinnostem podle nařízení GDPR.

Možností, jak překonat problémy se zabezpečením a ochranou osobních údajů, je poskytování přístupu k veřejným údajům, testovacím datům, anonymizovaným datům nebo syntetickým datům. Orgán FCA je zatím jediným regulatorním sandboxem, který zahrnuje data na mikro úrovni, skutečná a veřejná nebo syntetická data, aby na jejich základě mohly FinTechové společnosti provádět testování. FinTechové společnosti vyjádřily vysokou poptávku po těchto datech, i když je to spojeno s nevýhodami (viz sekce 1.4).

Orgán FCA provedl právní analýzu a dospěl k závěru, že pro to, aby jeho regulatorní sandbox FinTechovým společnostem zpřístupnil velké objemy skutečných osobních údajů, neexistuje dostatečný právní základ. Orgán FCA se dále rozhodl dosud nepoužívat pseudonymizované a anonymizované údaje, protože se domnívá, že riziko pro soukromí je nadále značné. Z tohoto důvodu se orgán FCA rozhodl účastníkům regulatorního sandboxu generovat a zpřístupnit syntetická data (FCA, 2021[17]).

Při vytváření rámce pro datové centrum platformy EU pro digitální finance se uvažovalo o využití informací o úvěrech, půjčkách a rozvahách společností, které má Evropská komise (EK) k dispozici. Mnoho členů fóra EFIF však Evropskou komisi varovalo, že tyto informace (zejména soubory údajů o půjčkách a úvěrech) jsou vysoce důvěrné/citlivé a z právních důvodů nemohou být sdíleny s třetími stranami. Z tohoto důvodu se předběžnou fází vývoje datového centra stal pilotní projekt zaměřený na syntetická data ve Španělsku (Dirección General de Estabilidad Financiera et al., 2022[18]).

V rámci pilotního prostředí orgán FCA poskytoval data, ke kterým bylo možné přistupovat buď prostřednictvím rozhraní API, nebo prostřednictvím integrované platformy Jupyter Notebook (umožňující zpracovávat a analyzovat velké objemy dat) (FCA, 2021[17]).

2.2.6. Legislativní změny

Hlavní přínosy doporučené podoby regulatorního sandboxu spočívají v posílení spolupráce a větší pomoci českých orgánů poskytované podnikatelům při získávání licence, přičemž se důraz klade na využití současných možností proporcionálního přístupu a intenzivní výměny znalostí. Navrhovaný regulatorní sandbox by mohl být zřízen v rámci stávajícího legislativního rámce a nevyžaduje zavedení nového právního předpisu, neboť se neodchyluje od stávajících právních předpisů EU a nepředpokládá nabídku osvobození nebo výjimek. Stávající požadavky na regulaci a dohled, jak jsou zakotveny v právních předpisech EU, by se měly uplatňovat přiměřeně a dle uvážení orgánů.

Pokud se po prvních letech fungování regulatorního sandboxu dospěje k závěru, že výhodnou možností by bylo použít model omezeného povolení nebo zavést výjimky z pravidel, výjimky pro skupinu nebo oznámení o neexistenci donucovacích opatření, bylo by nutné tyto možnosti zakotvit v legislativní změně. Zpráva stejně tak neobsahuje analýzu dopadů místního právního rámce České republiky (např. ustanovení správního práva a dopady veřejného práva na implementaci). Takové právní poradenství mohou české orgány získat od příslušných stran, pokud takové posouzení vyžadují.

2.3. Doporučený postup a prováděcí pokyny

Doporučený postup je znázorněn na Obrázek 2.5 a jednotlivé fáze jsou podrobně rozpracovány v následujících pododdílech, včetně doporučeného rejstříku rizik, kritérií způsobilosti pro podání žádosti, modelu povolení, licenčního postupu a omezení testovacího prostředí.

Obrázek 2.5. Schematické znázornění doporučeného postupu

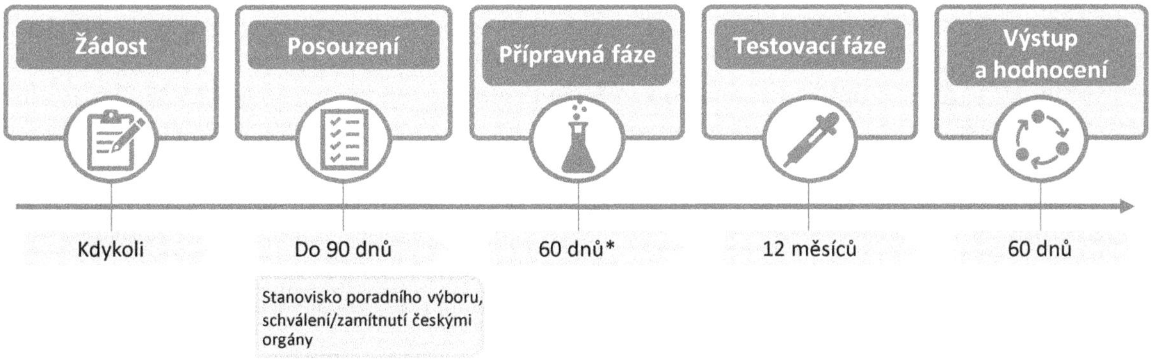

Poznámka: (*) pokud povolení není nutné, jinak je doba trvání stanovena časovými lhůtami pro udělování licencí.

2.3.1. Doporučený rejstřík rizik

Fungování regulatorního sandboxu by mělo sledovat, zda testovaná činnost nebo služba mohou vést ke zhoršení systematického rizika nebo rizika poškození dobré pověsti nebo zda mohou poškodit hospodářskou soutěž v odvětví finančních služeb. Doporučuje se, aby byl v rámci sandboxu veden rejstřík rizik, v němž se vyhodnocuje aktivita účastníků, a aby bylo možné zmírnit níže uvedená rizika.

Organizace CGAP naznačuje, že produkty a služby, které jsou testovány v regulatorním sandboxu, mohou představovat další rizika, která může být obtížné posoudit před tím, než bude inovace plně uvedena na trh. Jedná se například o rizika vyplývající z vlastností inovací nebo omezené kapacity v oblasti regulace a dohledu. Tomuto systematickému riziku lze zabránit správně navrženými regulačními požadavky a odpovídajícími nástroji dohledu, které jsou nezbytné pro shromažďování a analýzu dat generovaných nebo používaných novými technologiemi (Jenik and Lauer, 2017[19]).

U regulatorních sandboxů, které umožňují významné výjimky ze standardního licenčního režimu, mohou vzniknout problémy s odpovědností v případě neúspěšného testování, které má za následek poškození zákazníků nebo jiných účastníků trhu. Taková situace by ohrozila pověst regulačního orgánu a důvěru zákazníků ve finanční systém. Toto riziko není s ohledem na rámec doporučený pro Českou republiku aplikovatelné, protože FinTechovým společnostem nejsou podle tohoto souboru doporučení nabízeny žádné výjimky z licenčního režimu. Ve vztahu k licencovaným subjektům jsou již zavedena opatření k řešení problémů a odškodnění spotřebitelů podle standardních platných rámců. Ze strany orgánů může dojít k předčasnému ukončení (viz sekce 2.3.7), pokud si uvědomí, že z testovaného produktu/služby pro spotřebitele nebo finanční sektor vyplývá vyšší než očekávané riziko nebo pokud se vyskytnou podvody či jiné podobné nedostatky, a to stejným způsobem, jakým lze licenci zrušit za běžných podmínek.

Rizika mohou rovněž vyplývat z toho, že spotřebitelé nový produkt nepochopí. K realistické úpravě očekávání je třeba informovat o specifikách regulatorního sandboxu transparentně.

Poradenství a podpora účastníka může být považována za narušení hospodářské soutěže. Jasná, nikoli příliš vágní kritéria výběru zajišťují transparentnost, aby se zabránilo zkreslení výběru.

Možná omezená kapacita regulačního orgánu, pokud jde o personální zdroje a zdroje financování, může vést k následnému riziku špatného výběru účastníků regulatorního sandboxu, který je způsoben omezenou schopností regulačního orgánu posoudit inovaci. Kromě toho u přetížených zaměstnanců, kteří by byli pověřeni dodatečnými povinnostmi v rámci regulatorního sandboxu namísto vytvoření nové specializované jednotky pro regulatorní sandbox, existuje riziko nedostatečné kapacity pro řešení povinností hlavního regulačního orgánu. Proto je nezbytné dostatečně posoudit potřebný počet a soubor dovedností specializovaných pracovníků.

2.3.2. Kritéria způsobilosti

Mezi doporučená kritéria, která musí žadatelé z řad společností splňovat, aby byli přijati do českého regulatorního sandboxu, patří (Tabulka 2.3): Žadatel o účast v regulatorním sandboxu nabízí inovativní finanční produkt, službu, obchodní model nebo řešení; produkt přináší výhody uživatelům finančních služeb v České republice; produkt je připraven k uvedení na trh, takže testování v regulatorním sandboxu je proveditelné a bezpečné; existuje zvláštní potřeba testování produktu; žadatel je bezúhonný; je zajištěno odpovědné nakládání s osobními údaji; žadatel se zavazuje k ochraně investorů a dodržování předpisů; a existuje přímý či nepřímý význam pro orgán provozující regulatorní sandbox. Doporučuje se, aby účastníci regulatorního sandboxu měli příslušnou licenci pro vykonávanou regulovanou činnost nebo byli připraveni o licenci požádat, aby ji měli před zahájením testovací fáze, pokud se orgán domnívá, že činnost spadá do oblasti regulované finanční činnosti.

Pro český regulatorní sandbox jsou podrobněji doporučována zejména následující kritéria způsobilosti, která vycházejí z osvědčených postupů regulatorních sandboxů členských států EU:

Žadatel o účast v regulatorním sandboxu nabízí inovativní produkt, službu nebo obchodní strategii, které využívají nových nebo rozvíjejících se technologií s cílem nabízet na českém trhu zcela nové nebo vylepšené finanční služby, včetně nové úpravy nebo podstatného vylepšení jiného finančního produktu, služby, obchodního modelu nebo řešení. Jako inovativní finanční produkt budou označovány také produkt, služba nebo obchodní model, které využívají současné technologie novými nebo kreativními způsoby.

Produkt přináší výhody uživatelům finančních služeb v České republice a tyto výhody jsou identifikovatelné, např. nabízí řešení odlišné od jiných nabídek na českém finančním trhu, vylepšení stávajícího produktu, služby, obchodního modelu nebo řešení, inkluzivnější obchodní model nebo řešení, které zvyšuje efektivitu finančních institucí nebo trhů atd.

Produkt je připraven k uvedení na trh, takže testování v regulatorním sandboxu je proveditelné a bezpečné, pokud má žadatel jasnou představu o tom, co od své účasti v regulatorním sandboxu očekává (žadatel je schopen specifikovat konkrétní cíl testování) a společnost má k zajištění svého provozu a poskytování příslušné finanční služby dostatek zaměstnanců, finančních zdrojů a kapacity. Spadá sem připravenost zvládnout testování technicky (produkt má vhodnou a dostatečně robustní a odolnou infrastrukturu IKT a mechanismy k zajištění bezpečnosti dat a proti kybernetickým útokům), řešit rizika, která mohou během testování vzniknout (tj. tato potenciální rizika předem analyzovat a připravit zmírňující opatření) a zejména připravenost společnosti splnit regulační požadavky. To znamená, že společnost má licenci nebo je připravena o licenci požádat, aby ji měla před zahájením testovací fáze, pokud se české orgány domnívají, že licence je nezbytná. V případě, že se orgány domnívají, že licence není nutná, je na uvážení českých orgánů, zda společnosti testování povolí, či nikoli.

Existuje zvláštní potřeba testování produktu, například v případě sporu nebo nejednoznačnosti ohledně platných právních předpisů, které by jinak bránily standardnímu uvedení produktu na trh, nebo pokud je třeba produkt před jeho úplným uvedením na trh otestovat v omezené podobě.

Kritérium bezúhonnosti se prokazuje čistým trestním rejstříkem žadatele.

Pokud Úřad pro ochranu osobních údajů během testování nezjistí vysokou míru rizika protiprávního zpracování osobních údajů nebo neoprávněného zásahu do práv a svobod subjektů údajů, bude odpovědné nakládání s osobními údaji pravděpodobně zajištěno.

Tabulka 2.3. Doporučená kritéria způsobilosti pro český regulatorní sandbox

Kritéria způsobilosti	Žadatel bude přijat	Žadatel nebude přijat
Žadatel o účast v regulatorním sandboxu nabízí **inovativní**	Žadatel o účast dostatečně vysvětlí, čím jsou jeho zboží, služba nebo obchodní strategie, které využívají	Žadatel nebude přijat s finančním produktem, službou, obchodním modelem nebo řešením, které

Kritéria způsobilosti	Žadatel bude přijat	Žadatel nebude přijat
finanční produkt, službu, obchodní model nebo řešení	nových nebo rozvíjejících se technologií s cílem nabízet zcela nové nebo vylepšené finanční služby, na českém trhu nové a původní, včetně nové úpravy nebo podstatného vylepšení jiného finančního produktu, služby, obchodního modelu nebo řešení. Jako inovativní finanční produkt budou označovány také produkt, služba nebo obchodní model, které využívají současné technologie novými nebo kreativními způsoby.	v České republice nabízejí jiné společnosti a které nenabízejí žádné vylepšení nebo nevyužívají stávající technologie novým či kreativním způsobem.
Produkt přináší **výhody** uživatelům finančních služeb **v České republice**	Inovace může uživatelům přinést jasně identifikovatelné pozitivní dopady, jako je přímý dopad (levnější nabídky, větší rozmanitost nabídek, dostupnost) nebo nepřímý dopad (řešení zvyšující efektivitu a snižující náklady na administrativu).	Nezdá se, že by tato inovace uživatelům přinesla jasně identifikovatelné pozitivní dopady.
Produkt je připraven k uvedení na trh, takže testování v regulatorním sandboxu je proveditelné a bezpečné	Technologická připravenost: Úrovně technologické připravenosti (TRL) jsou metodou pro pochopení technické vyspělosti technologie[1]. Žadatel musí být schopen dosáhnout alespoň stupně TRL 4.	Technologická připravenost: Žadatel nedosáhne alespoň stupně TRL 4.
	Žadatel musí předložit řádný a životaschopný podnikatelský plán.	Žadatel nemá jasnou představu o obchodním scénáři své inovace.
	Žadatel je připraven zahájit licenční řízení v přiměřené lhůtě po konzultaci s českými orgány, pokud se má za to, že pro navrhovanou inovaci je nutná licence.	Žadatel není na licenční řízení připraven a potřebuje více času na konzultaci s českými orgány, aby mohl podat příslušnou žádost o povolení.
Existuje zvláštní **potřeba testování** produktu	Žadatel analyzoval příslušné právní předpisy a jeho inovace vyvolává otázky ohledně správného uplatňování příslušných právních předpisů. Žadatel uvede, co od testování svého finančního produktu nebo služby očekává a jaké má plány ohledně výstupu z regulatorního sandboxu.	V rámci žádosti nebyl proveden právní rozbor související s inovací anebo regulace nevyvolává zásadní otázky. Žadatel není schopen identifikovat přínosy testování své inovace.
Žadatel je **bezúhonný**	Žadatel má čistý trestní rejstřík.	Žadatel nemá čistý trestní rejstřík.
Odpovědné nakládání s **osobními údaji**	Žadatel je připraven předvést svůj mechanismus k zajištění odpovědného nakládání s osobními údaji v souladu s příslušnou legislativou.	Žadatel nemá zaveden mechanismus k zajištění odpovědného nakládání s osobními údaji v souladu s příslušnou legislativou.
Závazek k **ochraně investorů/spotřebitelů** a dodržování předpisů	Žadatel může popsat svůj plán ochrany investorů/spotřebitelů a má dostatečné finanční a personální zdroje, které mu umožní během testování jednat v souladu s tímto plánem.	Žadatel nemůže popsat svůj plán ochrany investorů/spotřebitelů nebo nemá dostatečné finanční a personální zdroje, které by mu umožnily během testování jednat v souladu s tímto plánem.
Činnost je přímo či nepřímo upravena finančními právními předpisy	Inovace zahrnuje finanční službu nebo produkt. Na činnost se vztahuje finanční regulace.	Inovace není finanční službou nebo produktem. Na činnost se nevztahuje finanční regulace.

Poznámka:
1. https://ec.europa.eu/research/participants/data/ref/h2020/wp/2014_2015/annexes/h2020-wp1415-annex-g-trl_en.pdf

Tabulka 2.4. Kritéria způsobilosti v regulatorních sandboxech zavedených v zemích EU

Kritéria způsobilosti:	**Kritéria způsobilosti v regulatorních sandboxech v těchto zemích:**
Žadatel o účast v regulatorním sandboxu nabízí inovativní finanční produkt, službu, obchodní model nebo řešení	DK, HU, LT, LV, NL, MT BG, CY, EE, EL, ES, HR, IE, PT, RO, SK, AT
Produkt přináší výhody uživatelům finančních služeb na domácím trhu	DK, HU, LT, LV, NL, MT BG, EE, EL, ES, HR, PT, SK
Produkt je připraven k uvedení na trh, takže testování v regulatorním sandboxu je proveditelné a bezpečné	Připravenost na test: DK, HU, LT, NL, MT ES, IE, PT, SK, AT
Existuje zvláštní potřeba testování produktu	Zmírnění rizik: NL, EE, EL, AT
Žadatel je bezúhonný	DK, LT, NL, MT BG, HR, PT, SK
Odpovědné nakládání s osobními údaji	SK

Kritéria způsobilosti:	Kritéria způsobilosti v regulatorních sandboxech v těchto zemích:
Závazek k ochraně investorů a dodržování předpisů	Existuje řada regulatorních sandboxů, které se zaměřují výhradně na ochranu údajů.
Činnost je přímo či nepřímo upravena finančními právními předpisy	CY, EL

Zdroj: Na základě studie Evropského parlamentu (2020[9]), Regulatory Sandboxes and Innovation Hubs for FinTech, https://www.europarl.europa.eu/RegData/etudes/STUD/2020/652752/IPOL_STU(2020)652752_EN.pdf.Zdroj: Na základě aktualizované studie Regulatory Sandboxes and Innovation Hubs for FinTech; https://www.europarl.europa.eu/RegData/etudes/STUD/2020/652752/IPOL_STU(2020)652752_EN.pdf

Závazek k ochraně investorů a dodržování předpisů lze prokázat pomocí zmírňujících mechanismů, které jsou začleněny do obchodního plánu.

Činnost je přímo či nepřímo upravena finančními právními předpisy. Obchodní model je důležitý pro orgán, který regulatorní sandbox provozuje.

Výše uvedená doporučená kritéria způsobilosti byla vypracována s ohledem na zkušenosti jiných zemí EU a specifické charakteristiky českého FinTechového prostředí.

Technologická připravenost

Aby byly regulatorní sandboxy účinné, je nezbytné, aby technologie používaná ke sledování a pozorování účastníků ze strany zainteresovaných stran byla robustní, spolehlivá a aktuální. Při návrhu regulatorního sandboxu pro Českou republiku je technologická připravenost důležitým hlediskem (.

Obrázek 2.6). Doporučuje se, aby společnosti, které jsou pro účast v českém regulatorním sandboxu způsobilé, dosáhly úrovně technologické připravenosti alespoň TRL 4, aby měly ověřený koncept testovaný v laboratorním prostředí.[12]

Obrázek 2.6. Technologická připravenost

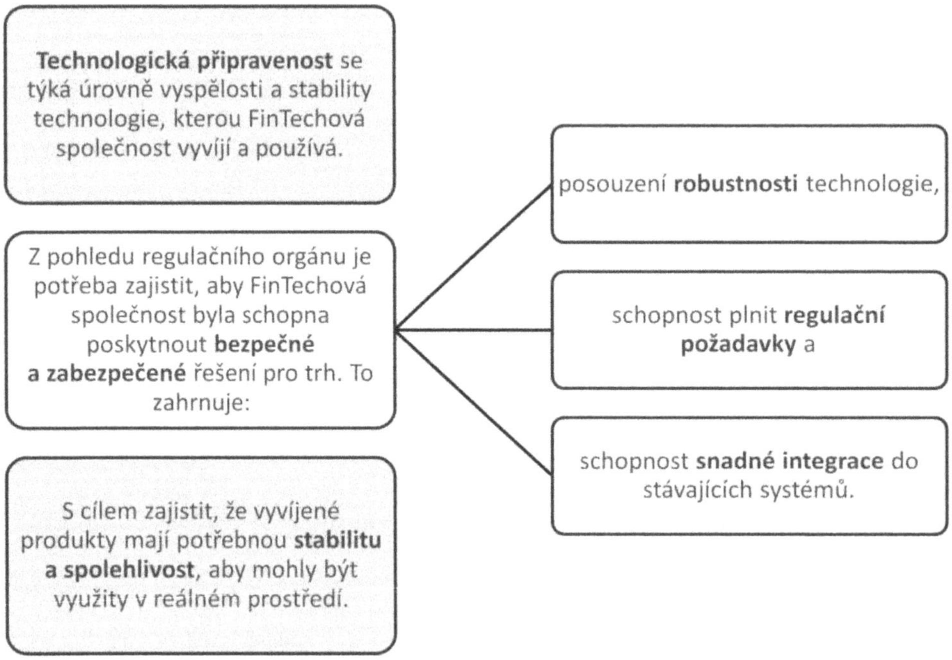

Úrovně technologické připravenosti (TRL) jsou široce používány v technologickém odvětví, aby vedoucím pracovníkům pomohly činit informovaná rozhodnutí o pokroku a zavádění technologií. Při návrhu regulatorního sandboxu přinášejí úrovně TRL několik výhod. Za prvé, poskytují společné chápání stavu technologií a umožňují zúčastněným stranám posoudit vyspělost a připravenost konkrétní finanční inovace. Za druhé, pomáhají při řízení rizik tím, že poskytují jasnou představu o vývoji technologie a jejím potenciálu pro úspěšné zavedení. Za třetí, regulační orgán by měl vzít v úvahu stabilitu a rozšiřitelnost technologie. Tato hodnocení jsou nutná k vytvoření pevného základu a zaručení úspěchu testovacího postupu. Například Izrael ve svém regulatorním sandboxu vyžaduje úroveň TRL 6 (Israel Innovation Authority, n.d.[20]).

Co se týče užitečnosti TRL, existují však určitá omezení. Neexistuje například přímá korelace mezi připraveností a vhodností nebo technologickým vývojem produktu. Regulační orgán musí vzít v úvahu soulad se současnými systémy a předpisy a ověřit etický rozměr technologie (viz Tabulka 2.5).

Jedním z klíčových prvků technologické připravenosti v regulatorním sandboxu je schopnost přesně sledovat a pozorovat účastníky, včetně schopnosti identifikovat a ověřovat identitu zúčastněných FinTechových společností a jejich zákazníků, jakož i schopnost sledovat a zaznamenávat transakce a činnosti, které se v rámci regulatorního sandboxu odehrávají. Je nezbytné používat robustní a spolehlivé technologie, jako je blockchain a umělá inteligence, které mohou zajistit, aby údaje byly zaznamenávány bezpečně a přesně a aby k nim regulační orgán měl snadný přístup.

Tabulka 2.5. Definice úrovní technologické připravenosti v EU

Úroveň technologické připravenosti (EU)	Definice
TRL 1	Základní dodržované zásady
TRL 2	Formulovaný technologický koncept
TRL 3	Experimentální ověření konceptu
TRL 4	Technologie ověřená v laboratoři
TRL 5	Technologie ověřená v relevantním prostředí (průmyslově relevantní prostředí v případě klíčových základních technologií)
TRL 6	Technologie demonstrovaná v příslušném prostředí
TRL 7	Demonstrace prototypu systému v provozním prostředí
TRL 8	Kompletní a kvalifikovaný systém
TRL 9	Skutečný systém ověřený v provozním prostředí (konkurenceschopná výroba v případě klíčových základních technologií)

Zdroj: Výňatek z části 19 rozhodnutí Komise C(2014)4995 (2020[21]), úrovně technologické připravenosti (TRL), https://ec.europa.eu/research/participants/data/ref/h2020/wp/2014_2015/annexes/h2020-wp1415-annex-g-trl_en.pdf.

Dalším důležitým aspektem technologické připravenosti v regulatorním sandboxu je schopnost zajistit, aby použitá technologie byla aktuální. Za tímto účelem musí být technologie používaná v regulatorním sandboxu průběžně testována a monitorována, aby bylo možné odhalit a opravit jakékoli problémy, které mohou nastat. Aby bylo zajištěno, že technologie je pro daný úkol vhodná, může být nezbytné použít simulace a zapojit odborníky z oboru.

Třetím důležitým aspektem technologické připravenosti je schopnost zajistit, aby shromážděná data byla chráněna a zabezpečena. To je obzvláště důležité v České republice, kde jsou zákony a předpisy o ochraně údajů přísné. Aby bylo zajištěno dodržování předpisů, je nezbytné pro zabezpečení dat zavést robustní opatření, jako je šifrování a vícefaktorové ověřování, aby shromážděná data byla chráněna před neoprávněným přístupem nebo narušením.

Pokud jde o vedení implementace regulatorního sandboxu, je důležité, aby byl odpovědný subjekt dobře vybaven k řešení složitých technických a regulačních otázek, které mohou vyvstat. Odpovědným subjektem by mohla být specializovaná jednotka v rámci finančního regulačního orgánu nebo samostatný orgán pověřený dohledem nad regulatorním sandboxem. Tento subjekt by měl mít potřebné zdroje a odborné znalosti, aby mohl dohlížet na fungování regulatorního sandboxu, sledovat pokrok účastníků a poskytovat poradenství v regulačních otázkách. Kromě toho by za účelem výměny informací a osvědčených postupů měla být navázána úzká spolupráce s mezinárodními regulačními orgány a dalšími iniciativami zaměřenými na regulatorní sandboxy v jiných zemích.

2.3.3. Licenční řízení

Doporučuje se, aby se stejně jako v jiných členských zemích EU český regulatorní sandbox nevzdával licenčních požadavků nebo požadavků podle vnitrostátní nebo evropské legislativy a aby účastníkům nenabízel žádné úlevy, které nemohou být uděleny v rámci běžného povolovacího procesu. Pokud žadatel vykonává činnost, která vyžaduje povolení, bude se na něj vztahovat stejný rámec dohledu, který platí pro společnosti s povolením obecně. Licence by měla být získána před podáním žádosti o účast v regulatorním sandboxu nebo ji lze získat ve fázi žádosti. V případě, že v přípravné fázi české orgány vyhodnotí, že inovace žadatele licenci nepotřebuje, mohou se rozhodnout, že testování v regulatorním sandboxu by přesto bylo přínosné, a připravit plán testování pro testovací fázi.

Spojené království umožňuje získat licenci po přijetí do regulatorního sandboxu, ale také před zahájením testu. Při podávání žádosti může být orgán dohledu nápomocen a často tomu tak je. Pokud byla společnost do regulatorního sandboxu přijata, znamená to, že orgán dohledu uznal, že tato společnost nabízí skutečně inovativní produkt a má potenciál přispět k přínosu pro spotřebitele. V takovém případě je pomoc podniku při získání povolení odůvodněna. Ve skutečnosti mají společnosti tendenci se domnívat, často mylně, že regulatorní sandbox je rychlejší cestou k získání povolení. Pokud orgán dohledu plánuje navýšit zdroje v oblasti dohledu, které přiděluje regulatornímu sandboxu, pak by bylo možné ve srovnání s běžným povolovacím procesem dosáhnout rychlejšího postupu. Bez ohledu na časový rámec budou všechna regulační pravidla platit i nadále. Použití proporcionality, které je zmíněno v sekci 2.2.1, je jediným prostorem, který má orgán dohledu k dispozici, pokud jde o požadavky podniku na získání licence.

Alternativou může být situace, kdy si české orgány nejsou jisté, zda činnost požadovaná žadatelem spadá do některého ze stávajících licenčních režimů. V tomto případě existuje pro orgán dohledu velká potenciální přidaná hodnota, pokud bude tato společnost přijata k účasti na testu, protože pak budou mít české orgány příležitost lépe porozumět obchodnímu modelu. Na konci testovací fáze by české orgány mohly mít jasnější představu o tom, jak se na tuto činnost vztahuje zákon a zda je licence vhodná. FinTechové společnosti často žádají o povolení, protože to považují za způsob, jak své podnikání legitimizovat, a licenci dávají přednost, i když ji ze zákona nemusí vyžadovat. Zejména v této skupině bychom měli zohlednit společnosti, u nichž se právní předpis připravuje, ať už na úrovni EU, nebo na vnitrostátní úrovni, a žádající společnosti, u nichž by se brzy mohlo rozhodnout o povolení (například připravované nařízení o trzích kryptoaktiv (MiCA)).

Možným typem žadatelů mohou být partnerství mezi zavedenými společnostmi a třetími stranami z FinTechového odvětví. Zavedená společnost s licencí by mohla o tuto účast usilovat, aby odvrátila riziko provozování činnosti, která je mimo rozsah její současné licence. Budou-li účastníkům nabízeny také finanční prostředky nebo data, zvýší se atraktivita pro zavedené subjekty. Pokud jde o orgán dohledu, schválený zavedený subjekt bude muset nést veškeré regulační požadavky, ale jelikož je na dohled již zvyklý, bude už mít zavedenu většinu záruk nebo všechny záruky. Tato partnerství už se účastnila regulatorních sandboxů orgánu FCA, ale v Rakousku žádosti v této podobě dosud nebyly podány. V prvních dvou kohortách regulatorního sandboxu orgánu FCA se partnerství mezi velkými společnostmi a začínajícími podniky ukázalo jako úspěšné pro obě strany, zejména proto, že začínajícím podnikům poskytlo přístup k větší skupině stávajících zákazníků, u nichž lze testovat (FCA, 2017[22]). FinTechové společnosti jsou také schopny využívat zdroje, zkušenosti a znalosti velké společnosti. Před spuštěním digitálního sandboxu 56 % účastníků uvedlo, že mají v úmyslu spolupracovat s alespoň jedním dalším týmem v kohortě. Účastníci uvedli, že související povaha jejich řešení znamená cenné příležitosti k učení a potenciál pro partnerství (FCA, 2021[17]). V Izraeli je taková spolupráce podporována a několik zavedených společností na webových stránkách testu zveřejnilo, pro jaký problém hledají technologické řešení. V rámci testování by tak mohla vzniknout spolupráce, přičemž motivací pro obě strany by byl regulatorní sandbox.

2.3.4. Žádost

Pokud je to možné, doporučujeme podávat žádost digitálně, přičemž by co nejvíce dokumentů mělo mít předdefinovanou strukturu.

Jako běžné a vhodné pro cíle českého regulatorního sandboxu byly v žádosti označeny tyto informace:

a. kontaktní a identifikační údaje;
b. stav licence, regulační požadavky, regulační nedostatky;
c. podnikatelský plán, popis produktu, kompetence v oblasti řízení, potenciální zákaznický segment, finanční možnosti společnosti, konkurenti na trhu, potenciál pro expanzi do zahraničí, hranice vstupu na trh, očekávaný dopad na trh, o jakou inovaci se jedná;
d. potřeba vstoupit do testu;
e. nástin testu včetně měřitelných milníků v průběhu testování (technologického a obchodního);
f. aspekty duševního vlastnictví související s testovaným produktem nebo službou;
g. popis klíčových rizik navrhovaného testu (jak pro spotřebitele, tak pro společnost žadatele) a způsob, jakým je žadatel hodlá zmírnit;
h. základní technologie, úroveň vývoje;
i. výstupní plán;
j. nástin dalších kroků žadatele v případě, že test bude úspěšný.

2.3.5. Vzor povolení k posouzení

Doporučuje se, aby účastníci českého regulatorního sandboxu byli předběžně vybíráni zvláštním poradním výborem, který vydá nezávazné stanovisko. To pak bude potvrzeno nebo zamítnuto českými orgány, což se nevztahuje na ČNB, neboť ČNB nemá k vydání takového rozhodnutí žádný právní základ. Poradní výbor by se mohl skládat například ze zástupců odvětví, akademické sféry, České národní banky, Ministerstva financí ČR, Ministerstva průmyslu a obchodu, agentury CzechInvest a Úřadu pro ochranu osobních údajů. To by umožnilo zvážit ve vztahu ke kritériím způsobilosti více úhlů pohledu. Je přiměřené zajistit rozmanitost poradního výboru, aby se ve vztahu k posuzovaným obchodním modelům maximalizoval pozitivní účinek výměny názorů a zkušeností. Zástupci ČNB a MFČR mohou poskytovat své odborné znalosti v rámci poradního výboru.

Přesná podoba fungování poradního výboru by měla být zvolena na základě diskuse mezi implementátorem regulatorního sandboxu a potenciálními členy tak, aby co nejlépe odrážela jejich konkrétní představy o zapojení a kapacitě k zajištění účinného fungování poradního výboru.

2.3.6. Přípravná fáze

Po vyhodnocení žádosti a výběru žadatele je žadatel informován a přidělen kontaktní osobě v regulatorním sandboxu. Po výběru následuje přípravná fáze, během níž kontaktní osoba společně se žadatelem připraví plán testování. Tento plán určuje, jak bude testování prováděno, a účastník se zavazuje k jeho provedení. Plán testování může zahrnovat délku a pravidla testování, případná omezení, k nimž patří maximální počet zákazníků, kteří mají být obslouženi, záruky na ochranu uživatelů inovativní finanční služby (např. povinnost informovat uživatele, že produkt je v současné době testován v regulatorním sandboxu, povinnost získat od uživatele informovaný souhlas nebo povinnost poskytnout doklad o pojištění na pokrytí případných škod, které mohou uživateli vzniknout). Plán testování může upřesnit úroveň proporcionality, kterou se české orgány mohou rozhodnout uplatnit (diskreční pravomoc v oblasti dohledu zvážením určitých faktorů, jako je rizikový profil nebo velikost, složitost a vzájemná propojenost dotčených podniků) (Parenti, 2020[9]). Testování se zaměří na soulad finanční inovace s příslušnou regulací (tj. regulační aspekty inovativních finančních služeb, jako je přiměřenost stávající regulace), existenci případných neočekávaných rizik (která by po identifikaci českými orgány byla eliminována) a praktické zavedení finanční inovace na trh (tj. zda je produkt mezi uživateli žádaný, zda je obchodní model dobře nastaven atd.). Plán testování objasňuje očekávání aktérů. Je třeba zvážit, zda existuje dostatečný základ pro to, aby byl právně závazný. Testování na základě takového plánu je přínosné jak pro orgány, které mají možnost poučit se z blízkého pozorování potenciálně zajímavé inovace, tak pro inovátory, kteří mají možnost jednat o svém obchodním modelu s orgány a zajistit jeho maximální soulad s příslušnými předpisy.

2.3.7. Výstupní postupy: předčasný a plánovaný výstup

Doporučuje se, aby společnosti, které žádají o účast v českém regulatorním sandboxu, předložily výstupní plán přijatý orgány, který by kdykoli umožnil řádné ukončení testu. Po ukončení by měla společnost předložit zprávu analyzující výsledky a zkušenosti z regulatorního sandboxu. Předčasné ukončení by mělo zůstat jednou z možností pro zúčastněné společnosti i pro orgány. Pro společnosti by měla být k dispozici v případě, že se obchodní model ukáže jako nedostatečný, a pro orgány v případě, že dospějí k závěru, že činnost představuje riziko pro finanční stabilitu nebo vyšší než očekávané riziko pro spotřebitele, a to stejným způsobem, jakým lze licenci zrušit za běžných podmínek.

Evropské orgány dohledu předepisují, že společnosti účastnící se regulatorního sandboxu by měly být povinny vypracovat plány zajišťující řízený odchod z regulatorních sandboxů, včetně zajištění odpovídající úrovně ochrany spotřebitelů, a to buď pokračováním, nebo ukončením testování (ESMA, EBA and EIOPA, 2019[2]). Spojené království, Singapur a Hongkong vyžadují, aby účastníci regulatorního sandboxu vypracovali výstupní plán, který zajistí, že test bude možné ukončit kdykoli s minimálním poškozením spotřebitelů (EBRD, 2019[7]). V Nizozemsku *může* být od povolených finančních institucí požadováno, aby při vstupu do regulatorního sandboxu vypracovaly výstupní strategii, která předpokládá řádný odchod z trhu. V případě nových subjektů vstupujících na trh (subjekt bez (správného) povolení) je *nutné* předložit výstupní plán. Složky výstupního plánu by měly mimo jiné zahrnovat: podněty pro odchod; výstupní postupy; základní funkce, které budou muset pokračovat; komunikační plán; popis toho, jak budou probíhající vztahy se zákazníky ukončeny. V Litvě musí žadatelé předložit plán ukončení činnosti, který se použije, pokud poskytování služeb bude po odchodu z regulatorního sandboxu ukončeno. Kromě toho musí žadatelé z řad FinTechových společností popsat opatření, která je třeba přijmout po úspěšném odchodu z regulatorního sandboxu, aby bylo možné testované finanční inovace dále rozvíjet.

V rámcích, kde je účastníkům nabídnuta výjimka nebo omezená licence, ukončení testovací fáze obvykle znamená, že testující společnost již nemůže pokračovat v činnosti v tomto režimu a je vyžadována plná licence, pokud je to možné (Austrálie). Pokud společnost splňuje požadavky na plnou licenci, může rozšířit rozsah nabízených služeb.

Po odchodu nebo ukončení testu orgány často žádají zúčastněné společnosti, aby vypracovaly a předložily souhrnnou zprávu. Ve Spojeném království by zpráva měla obsahovat poznatky získané z testu a informace o způsobu, jakým mají být případné nedostatky řešeny. Měla by obsahovat popis testu a jeho hlavní atributy, výsledky a další kroky společnosti. Orgán FCA účastníky také žádá o zpětnou vazbu týkající se jejich zkušeností v rámci regulatorního sandboxu orgánu FCA a často zveřejňuje analytickou zprávu pro různé kohorty regulatorního sandboxu, zejména pokud byly do rámce zavedeny významné změny, jako je přidání přístupu k údajům. Pro efektivní analýzu testu může být užitečná dobrá úroveň vedení záznamů. Je možné zvážit požadavek, aby společnosti za tímto účelem předkládaly průběžné zprávy. V Izraeli, vzhledem k finanční podpoře poskytnuté na test, provádí Izraelský inovační úřad finanční a technologický audit, na jehož konci je provedena konečná účetní závěrka.

Předčasný výstup je obvykle k dispozici v revidovaných sandboxech (viz příloha D). Tato možnost je povolena zejména v případech, kdy si společnost uvědomí, že nedochází k žádnému spotřebitelskému využití. Ze strany orgánů může být předčasné ukončení nutné, pokud si uvědomí, že z testovaného produktu/služby pro spotřebitele nebo finanční sektor vyplývá vyšší než očekávané riziko nebo pokud se vyskytnou podvody či jiné podobné nedostatky, a to stejným způsobem, jakým lze licenci zrušit za běžných podmínek. Litevská centrální banka dále uvádí, že přijetí do jejího regulatorního sandboxu může být zrušeno, pokud účastník během své účasti v regulatorním sandboxu nesplní podmínky testování uvedené v plánu testování (The Bank of Lithuania, 2018[23]).

2.3.8. Doporučené lhůty

Ochota tvůrců politik a orgánů dohledu vytvořit testovací prostředí úzce souvisí s uznáním toho, že procesy dohledu a povolování jsou FinTechovými společnostmi často vnímány jako překážka růstu. FinTechové společnosti působí v konkurenčním prostředí, pokud jde o financování, kterého může být nedostatek, a vzhledem ke své malé a mladé povaze obvykle nedisponují významnými interními prostředky. Jejich úsilí se soustředí na co nejrychlejší dokončení vývoje a zavedení jejich produktu (doba uvedení na trh), aby přilákaly více finančních prostředků. **S ohledem na tento cíl se jako předpoklad českého regulatorního sandboxu za účelem přilákání poptávky ze strany FinTechových společností doporučuje, aby lhůty pro podávání žádostí a udělení povolení byly atraktivní.**

Pokud jde o testovací fázi, časové rámce se pohybují v rozmezí od 6 do 24 měsíců. V Nizozemsku, Hongkongu a Singapuru se časový rámec testování stanovuje případ od případu (EBRD, 2019[7]). Časový rámec může být na žádost společnosti obvykle prodloužen. Alternativně má příslušný orgán pravomoc test ukončit nebo testování může zastavit společnost, a to řádným ukončením.

Hlavní fáze testovacího procesu, které vyžadují stanovení lhůt, jsou tyto:

a. Fáze podávání žádostí – zda je podání žádosti k účasti v regulatorním sandboxu možné neustále, nebo existují konkrétní předem definované a omezené časové intervaly v průběhu roku, kdy společnosti mohou žádost podat.
b. Doba od konce lhůty pro podání žádosti do sdělení rozhodnutí o účasti společnosti. Jak bylo doporučeno, bude možné o účast v regulatorním sandboxu žádat nepřetržitě, lhůty pro tuto fázi budou záviset na četnosti zasedání poradního výboru. Doporučujeme, aby doba pro tuto fázi nepřesáhla 90 dní.
c. Následná fáze má umožnit orgánu a společnosti sestavit podrobný plán testování. Pro tuto fázi navrhujeme 60 dní. Pokud společnost ještě nemá licenci a české orgány během přípravy plánu testování společnosti doporučí, aby požádala o konkrétní licenci, bude tato fáze, včetně licenčního řízení, určena správními pravidly.
d. Samotná testovací fáze, kdy společnost případně nabízí své produkty zákazníkům. Navrhujeme 12 měsíců, jak tomu často bývá v jiných regulatorních sandboxech, s možností předčasného odchodu i prodloužení.
e. Závěrečná fáze, kdy je společnost obvykle povinna vypracovat a předložit zprávu analyzující výsledky testu a kdy má regulační orgán informovat společnost o veškerých omezeních, která mohou být zrušena nebo uložena, aby případně získala plnou licenci. Pro tuto fázi navrhujeme 60 dní.

2.3.9. *Měření výkonnosti*

Regulační orgány by měly mít jasnou představu o tom, jak bude v regulatorním sandboxu měřena úspěšnost. Toho lze dosáhnout určením klíčových ukazatelů výkonnosti (KPI) a využitím zpětné vazby k neustálému zlepšování přístupu k dohledu. Doporučuje se, aby se regulační orgány zaměřily spíše na regulaci založenou na zásadách než na regulaci založenou na pravidlech, neboť jim to umožní regulovat spíše činnost než subjekt. Klíčová je navíc efektivní komunikace s trhem. Některé regulační orgány zřídily specializované internetové stránky jako portály pro regulatorní sandboxy s cílem zvýšit povědomí, sdílet příslušné dokumenty a poskytovat informace společnostem (World Bank, 2020[24]). Doporučený soubor KPI pro český regulatorní sandbox je znázorněn na Obrázek 2.7.

Obrázek 2.7. Doporučený soubor klíčových ukazatelů výkonu

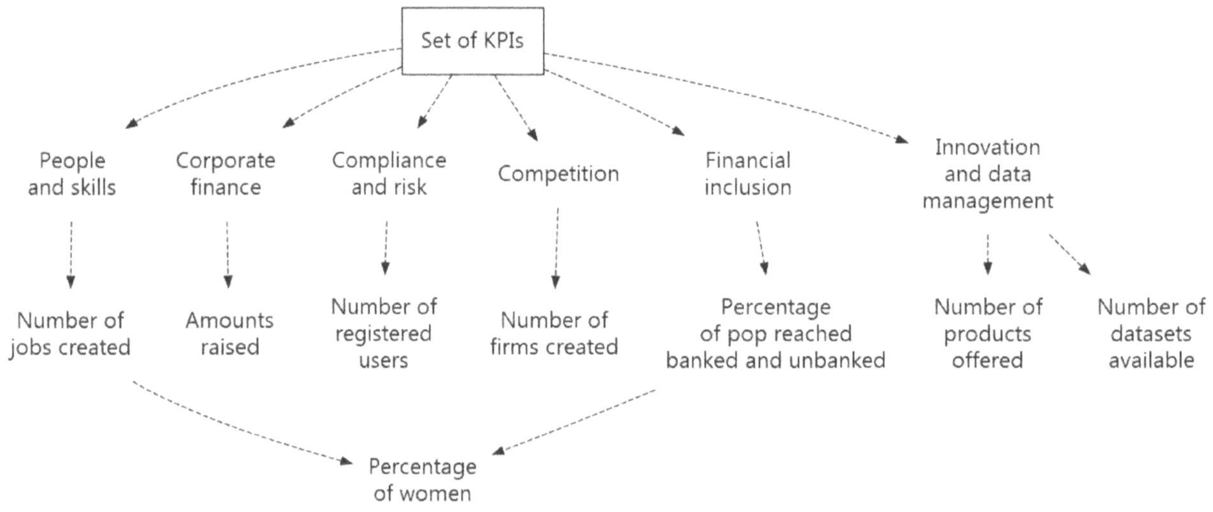

Klíčové ukazatele výkonu pro monitorování regulatorního sandboxu pro FinTechové společnosti jsou nezbytné pro měření úspěšnosti sandboxu, protože pomáhají určit, zda sandbox plní své cíle. Výběrem správných KPI mohou regulační orgány účinně sledovat pokrok, měřit úspěch a provádět nezbytné úpravy svého regulačního přístupu. Klíčové ukazatele výkonu vybrané pro regulatorní sandbox by měly záviset na cílech regulatorního sandboxu. Možné kategorie KPI zahrnují lidi a dovednosti, podnikové finance, dodržování předpisů a rizika, hospodářskou soutěž, finanční začlenění a inovace a správu dat a poskytují komplexní obraz o dopadu regulatorního sandboxu. Například měření počtu vytvořených pracovních míst a množství finančních prostředků získaných FinTechovými společnostmi v regulatorním sandboxu může pomoci posoudit přínos tohoto sandboxu ke snadnějšímu a rychlejšímu zavádění inovací a přilákání FinTechových společností na místní i celosvětové úrovni. Počet registrovaných uživatelů a vytvořených firem může měřit dopad regulatorního sandboxu na hospodářskou soutěž a zavádění nových technologií, zatímco procento a charakteristiky oslovené populace mohou poskytnout náhled do příspěvku sandboxu k finančnímu začlenění. Počet dostupných produktů a datových souborů může prokázat úspěšnost regulatorního sandboxu při podpoře inovací a efektivní správě dat. Tyto KPI poskytují komplexní obraz o dopadu regulatorního sandboxu na různé zúčastněné strany a pomáhají regulačním orgánům určit, zda sandbox plní své cíle.

2.4. Komunikační strategie

Pro úspěch regulatorního sandboxu pro FinTechové společnosti je nezbytná jasná a účinná komunikační strategie. Komunikační plán by měl nastínit metody a kanály, které mají být používány pro interakci s různými zúčastněnými stranami, jako jsou FinTechové společnosti, regulační orgány a spotřebitelé. Cíli komunikační strategie pro český regulatorní sandbox by měly být budování důvěry a transparentnosti mezi všemi zúčastněnými stranami, podpora spolupráce a zajištění toho, aby cíle regulatorního sandboxu byly jasně komunikovány a aby je všichni chápali.

Doporučená komunikační strategie pro český regulatorní sandbox by měla zahrnovat různé vrstvy, aby byla zajištěna účinná komunikace se zainteresovanými stranami (viz Obrázek 2.8). Strategie by se mohla zakládat na zavedeném kontaktním místě, které již má kanály a zkušenosti s poskytováním pomoci, odpovídáním na dotazy a nabízením podpory FinTechovým společnostem. Doporučuje se, aby byly zřízeny specializované internetové stránky pro šíření informací o regulatorním sandboxu, včetně oblasti působnosti a cílů, pravidel a kritérií způsobilosti, aktualizací a novinek a případně odpovědí na otázky předložené zainteresovanými společnostmi, které by sloužily jako vodítko pro ostatní. Doporučuje se také vytvořit vyhrazenou e-mailovou adresu nebo poštovní schránku ke zpracování dotazů od účastníků, veřejnosti a dalších zúčastněných stran. Mezi další nástroje, které je možné zvážit, patří newslettery, které mohou být pravidelně zasílány předplatitelům a zainteresovaným stranám za účelem poskytování aktuálních informací a zvyšování povědomí o regulatorním sandboxu. Doporučuje se rámec pro komunikaci a sdílení mezi účastníky regulatorního sandboxu, jako je například chatovací místnost. V neposlední řadě se doporučuje vytvořit pro regulatorní sandbox příručku, která poskytne jasné návody a pokyny týkající se postupů, zásad, rozsahu a cílů regulatorního sandboxu. Tato příručka může pomoci zefektivnit proces podávání žádostí a zajistit, aby si účastníci při účasti v regulatorním sandboxu byli vědomi svých povinností a odpovědností.

Obrázek 2.8. Prostředky komunikační strategie

FinTechovým společnostem by komunikační strategie měla poskytovat jasné a jednotné informace o cílech, požadavcích, procesech a omezeních regulatorního sandboxu (zejména o tom, že nejsou poskytovány žádné výjimky ani osvobození). Pravidelně by měly být sdělovány aktuální informace o stavu jejich žádosti a jasné pokyny ohledně toho, jak se do regulatorního sandboxu zapojit. Zajištění tohoto opatření pomáhá minimalizovat nejasnosti a zaručuje, že FinTechové společnosti mají k dispozici informace, které potřebují k úspěchu v regulatorním sandboxu.

Komunikační strategie by měla rovněž zahrnovat prostředky, jimiž budou příslušné regulační orgány, které mají odpovědnost za poskytovatele finančních služeb (viz OECD (2022[13])), komunikovat mezi sebou navzájem a s dalšími zúčastněnými stranami, jako jsou průmyslová sdružení a skupiny spotřebitelů, například s cílem informovat je o zúčastněných společnostech nebo o odchodu společností z testovací fáze nebo o tom, zda se objevily problémy týkající se ochrany spotřebitele a zúčastněné společnosti. Obecně panuje shoda na tom, že vhodnou strategií je (pravidelně udržovaná) webová stránka. Tím se zajistí, že všechny strany budou informovány o veškerých aktualizacích nebo změnách požadavků regulatorního sandboxu, časových lhůt, formulářů atd.

Za třetí, komunikační strategie by měla zvážit způsoby, jakými budou výsledky regulatorního sandboxu sdělovány širší veřejnosti. To může zahrnovat pravidelné zprávy o pokroku regulatorního sandboxu a jeho dopadu na FinTechové odvětví, jakož i zdůraznění úspěchů a osvědčených postupů.

Při návrhu komunikační strategie regulatorního sandboxu pro FinTechové společnosti v České republice je důležité zvážit způsoby, jak zkrátit postup podávání a vyhodnocování žádostí. Toho lze dosáhnout rozšířením komunikačních kanálů a povzbuzováním účastníků k diskusi o jejich žádostech různými prostředky, jako je e-mail, videokonference, osobní setkání nebo navázání přímého kontaktu se zástupci konkrétních divizí. Tato usnadňující opatření ve fázi podávání žádostí by však nemohla poskytnout ČNB, neboť se v současné době k poskytnutí této kapacity nemůže zavázat. Kromě toho je třeba usilovat o zjednodušení a omezení administrativy spojené s postupem podávání žádostí a kontrol. Za tímto účelem lze zvážit vytvoření specializovaných internetových stránek. Internetové stránky mohou poskytnout jasné a stručné informace o postupu podávání žádostí, hodnotících kritériích a kontaktních údajích příslušných oddělení. Tím by se nejen snížila administrativní zátěž žadatelů, ale také by se tím vytvořilo ústřední místo, kde by zúčastněné strany měly přístup k informacím a díky kterému by mohly držet krok s nejnovějším vývojem.

Občas se stává, že podnikatelé nemají potřebné právní znalosti, aby pochopili, jak jsou regulovány a kontrolovány finanční operace nebo nový produkt, které hodlají vyvinout. V této situaci by měl příslušný orgán důrazně zvážit, zda vzhledem k nedostatečné obeznámenosti s finančními právními předpisy nevěnuje dodatečné kapacity na poradenství a komunikaci (APEC Economic Committee, 2021[25]).

Cíle komunikační strategie jsou znázorněny na Obrázek 2.9. Jasná a účinná komunikační strategie může pomoci vybudovat důvěru v regulatorní sandbox, povzbudit účast a podpořit přínosy inovací ve finančním sektoru. Komunikační strategie slouží k informování a zapojení různých zúčastněných stran do regulatorního sandboxu, včetně FinTechových společností, investorů, regulačních orgánů a široké veřejnosti. V případě FinTechových společností by se komunikační strategie měla zaměřovat na poskytování jasných a transparentních informací o požadavcích na administrativu, žádosti, vstup a výstup. Co se týče dalších zúčastněných stran, měla by strategie zdůraznit účel a pokrok regulatorního sandboxu a výzvy s ním spojené, včetně potenciálního dopadu na finanční odvětví. Široká veřejnost by měla být informována o účelu a očekávaných dopadech regulatorního sandboxu, jakož i o opatřeních zavedených na ochranu spotřebitelů.

Obrázek 2.9. Cíle komunikační strategie

Příslušné orgány by měly komplexně vysvětlit základní charakteristiky regulatorního sandboxu na svých webových stránkách a v dalších komunikačních kanálech a odkazovat na webovou stránku regulatorního sandboxu, propagovat informace o zřízení regulatorního sandboxu a sdílet úryvky z veřejných aktualizací o aktivitách regulatorního sandboxu připravených českými orgány. Doporučuje se, aby se účastníci před podáním žádosti o účast v sandboxu dostatečně seznámili s regulačními pravidly sandboxu. Účastníci by také měli aktivně spolupracovat s českými orgány a reagovat včas, aby bylo možné testovací fázi efektivně využívat.

2.5. Akční plán pro implementaci regulatorního sandboxu

Tabulka 2.6. Navrhovaný harmonogram pro implementaci regulatorního sandboxu

	Úkol	Aktér	Lhůta
1	Fáze před podáním žádosti	3–5 měsíců	
	Komunikační strategie: vytvořit různé úrovně komunikace týkající se regulatorního sandboxu, včetně zřízení vyhrazených webových stránek a e-mailové adresy, příručky pro regulatorní sandbox a různých dalších nástrojů.	České orgány	30–45 dní
	Portál pro podávání žádostí: vyvinout portál pro podávání žádostí v souladu se všemi kritérii, která budou nejprve přezkoumána poradním výborem a později schválena orgány.	České orgány	30–45 dní
	Zřízení poradního výboru: zřídit poradní výbor pro předběžný výběr žadatelů složený ze zástupců odvětví, akademické sféry, příslušných ministerstev a orgánů.	České orgány	30–60 dní
2	Fáze podávání žádostí	Nepřetržitě	
	Veřejné spuštění regulatorního sandboxu: spuštění prvků komunikačního plánu a oznámení otevření portálu pro podávání žádostí s pravidelnou aktualizací komunikačních materiálů.	České orgány	1–2 dny spouštění
	Hodnocení žádostí poradním výborem: doporučuje se, aby byl portál pro podávání žádostí neustále k dispozici a aby poradní výbor žádosti shromažďoval každých 90 dní (max.).	Poradní výbor	≤ 90 dnů
3	Fáze přezkumu	≤ 3 měsíce	

	Úkol	Aktér	Lhůta
	Přezkum žádostí poradním výborem a českými orgány: žadatelé budou předběžně vybráni poradním výborem a potvrzeni nebo zamítnuti českými orgány v 90denních intervalech (max.).	Poradní výbor, české orgány	≤ 90 dnů
	Doručení výsledku žadatelům: žadatelé budou informováni o tom, zda je jejich žádost úspěšná, neúplná, nebo zamítnutá.	České orgány	1–2 dny po přezkumu
	Kontakt úspěšných žadatelů: úspěšní žadatelé budou kontaktováni a informováni o dalších krocích a přiřazeni k příslušné kontaktní osobě.	České orgány	1–2 dny po přijetí
4	Testovací fáze	13 měsíců	
	Příprava plánu testování: během následujících 60 dnů připraví úspěšný žadatel spolu s kontaktní osobou plán testování, který musí účastník sandboxu dodržet. Pokud společnost ještě nemá licenci a české orgány během přípravy plánu testování společnosti doporučí, aby požádala o konkrétní licenci, bude tato fáze, včetně licenčního řízení, určena správními pravidly.	České orgány, ČNB	60 dní, nebo do udělení licence
	Posouzení navrhovaného plánu testování: orgány přezkoumají plán testování.	České orgány	Případ od případu
	Implementace plánu testování: implementační logistika se bude lišit případ od případu a harmonogram testování se navrhuje na 12 měsíců.	České orgány	12 měsíců
	Provádění kontrolních schůzek a přezkumů: účastník a kontaktní místo musí být v pravidelném kontaktu ohledně pokroku testovacího prostředí.	České orgány	Nepřetržitě
5	Výstup a kontrola	3 měsíce	
	Schválení výstupu v případě předčasného ukončení: výstupní plán vypracovaný ve fázi podávání žádosti bude přezkoumán orgány v případě, že bude požadováno předčasné ukončení.	České orgány	30 dnů
	Přezkum a projednání výstupní zprávy předložené společností: společnost vypracuje zprávu, která analyzuje výsledky testování v regulatorním sandboxu.	České orgány	30 dnů
	Shromažďování a zdokumentování získaných poznatků: poznatky získané z účasti v sandboxu lze shromáždit prostřednictvím rozhovorů s účastníky, analýzy zpráv atd.	České orgány	30 dnů

Referenční dokumenty

APEC Economic Committee (2021), “FinTech Regulatory Sandboxes Capacity Building Summary Report”, *Asia-Pacific Economic Cooperation Secretariat*, http://www.cbr.ru (accessed on 20 March 2023). [25]

APIX (2023), *Sandbox | Collaborative Integrated Development Environment (IDE)*, APIX, https://apixplatform.com/sandbox (accessed on 11 May 2023). [4]

Banco de España (2022), *Controlled testing space (sandbox)*, Banco de España, https://www.bde.es/wbe/en/entidades-profesionales/operativa-gestiones/autorizaciones-acreditaciones/facilitadores-innovacion/espacio-controlado-pruebas-sandbox.html (accessed on 5 May 2023). [10]

Bromberg, L., A. Godwin and I. Ramsay (2017), “Fintech sandboxes: Achieving a balance between regulation and innovation”, *Journal of Banking and Finance Law and Practice*, Vol. 28/4, pp. 314-336. [16]

Czech National Bank (n.d.), *Uplatňování individuálních diskrecí orgánem dohledu*, https://www.cnb.cz/cs/legislativa/vykon-cinnosti-a-obezretnostni-pravidla/uplatnovani-individualnich-diskreci-organem-dohledu/ (accessed on 29 March 2023). [12]

Deloitte (2017), *Regulatory Sandbox - Making India a Global Fintech Hub*. [6]

Dirección General de Estabilidad Financiera, I. et al. (2022), *Synthetic data pilot with Banco de España, Findings and recommendations*, FISMA, https://www.cde.ual.es/ficha/synthetic-data-pilot-with-banco-de-espana-findings-and-recommendations/ (accessed on 5 May 2023). [18]

EBA (2021), *Final Report on Guidelines on internal governance under Directive 2013/36/EU*, EBA, https://www.eba.europa.eu/sites/default/documents/files/document_library/Publications/Guidelines/2021/1016721/Final%20report%20on%20Guidelines%20on%20internal%20governance%20under%20CRD.pdf (accessed on 29 March 2023). [11]

EBRD (2019), *Poland: Feasibility study on innovative technological solutions in the Polish financial markets including building a Regulatory Sandbox*, ERBD, https://www.ebrd.com/work-with-us/projects/tcpsd/poland-feasibility-study-on-innovative-technological-solutions-in-the-polish-financial-markets-including-building-a-regulatory-sandbox.html (accessed on 2 May 2023). [7]

ESMA, EBA and EIOPA (2019), *FinTech: Regulatory sandboxes and innovation hubs*, https://ec.europa.eu/info/publications/180308-action-plan-fintech_en. (accessed on 5 May 2023). [2]

ESMA, EBA and EIOPA (2018), *FinTech: Regulatory sandboxes and innovation hubs*, https://ec.europa.eu/info/publications/180308-action-plan-fintech_en. (accessed on 29 August 2022). [8]

European Commission (2020), *Technology readiness levels (TRL)*, https://ec.europa.eu/research/participants/data/ref/h2020/wp/2014_2015/annexes/h2020-wp1415-annex-g-trl_en.pdf (accessed on 11 May 2023). [21]

FCA (2021), *Supporting innovation in financial services: the digital sandbox pilot*, https://www.fca.org.uk/publication/corporate/digital-sandbox-joint-report.pdf (accessed on 20 March 2023). [17]

FCA (2017), *Regulatory sandbox lessons learned report*, FCA, https://www.fca.org.uk/publication/research-and-data/regulatory-sandbox-lessons-learned-report.pdf (accessed on 5 May 2023). [22]

FCA (2015), *Regulatory sandbox*, FCA. [15]

Government of Singapore (2022), *Monetary Authority of Singapore (MAS) APIs - Streamlining of Financial Applications through Data | Singapore Government Developer Portal*, Government of Singapore, https://www.developer.tech.gov.sg/products/categories/data-and-apis/mas-apis/overview.html (accessed on 11 May 2023). [3]

Hořínek, D. (2022), *CzechInvest seeks innovative startups for Technology Incubation*, CzechInvest, https://www.czechinvest.org/en/Homepage/News/June-2022/CzechInvest-seeks-innovative-startups-for-Technology-Incubation (accessed on 29 March 2023). [14]

Israel Innovation Authority (n.d.), *How to evaluate routes in the growth division*, https://innovationisrael.org.il/general_content/3813 (accessed on 11 May 2023). [20]

Jenik, I. and K. Lauer (2017), "Regulatory sandboxes and financial inclusion", *cgap.org*, https://www.cgap.org/sites/default/files/researches/documents/Working-Paper-Regulatory-Sandboxes-Oct-2017.pdf (accessed on 19 April 2022). [19]

OECD (2022), *The FinTech Ecosystem in the Czech Republic*, OECD Publishing, Paris, https://doi.org/10.1787/068ba90e-en. [13]

OECD/Eurostat (2018), *Oslo Manual 2018: Guidelines for Collecting, Reporting and Using Data on Innovation, 4th Edition*, The Measurement of Scientific, Technological and Innovation Activities, OECD Publishing, Paris/Eurostat, Luxembourg, https://doi.org/10.1787/9789264304604-en. [1]

Parenti, R. (2020), "Regulatory sandboxes and innovation hubs for FinTech", *Study for the committee on Economic and Monetary Affairs, Policy Department for Economic, Scientific and Quality of Life Policies, European Parliament, Luxembourg,* September. [9]

The Bank of Lithuania (2018), *RESOLUTION ON THE APPROVAL OF THE REGULATORY SANDBOX FRAMEWORK OF THE BANK OF LITHUANIA*, Bank of Lithuania, https://www.lb.lt/uploads/documents/files/EN/our-functions/supervision-of-financial-institutions/sandbox/03-166_2018%2009%2019_EN.pdf (accessed on 29 March 2023). [23]

The Ministry of Information Technologies and Communications (2023), *Datos Abiertos Colombia*, https://www.datos.gov.co/en/ (accessed on 11 May 2023). [5]

World Bank (2020), *How Regulators Respond to Fintech: Evaluating the Different Approaches-Sandboxes and Beyond*, World Bank. [24]

Poznámky

[1] Britský orgán FCA zřizuje skupinu odborníků pro syntetická data. Zdroj: Synthetic Data Call for Input Feedback Statement, str. 9

[2] Technicky vzato je možné vytvořit syntetická data, která by byla zcela umělá, ale očekává se, že ve srovnání se skutečnými údaji nebudou mít význam, pokud nebudou založena na existujících datových souborech.

[3] digital-finance-platform.ec.europa.eu

[4] To znamená, že zúčastnit se mohou tyto kategorie firem: společnosti, které již mají licenci v rámci finančních právních předpisů, ale chtějí vyzkoušet novou technologii anebo obchodní model, společnosti, které v rámci finančních právních předpisů nemají potřebnou licenci k poskytování požadované činnosti, a společnosti, u kterých není jisté, zda činnost vyžaduje licenci v rámci finančních právních předpisů.

[5] Např. zákon č. 21/1992 Sb., o bankách, ve znění pozdějších předpisů, zákon č. 240/2013 Sb., o investičních společnostech a investičních fondech, ve znění pozdějších předpisů, zákon č. 256/2004 Sb., o podnikání na kapitálovém trhu, ve znění pozdějších předpisů, a zákon č. 190/2004 Sb., o dluhopisech, ve znění pozdějších předpisů.

[6] Článek 32 směrnice Evropského parlamentu a Rady (EU) 2015/2366 ze dne 25. listopadu 2015 o platebních službách na vnitřním trhu, kterou se mění směrnice 2002/65/ES, 2009/110/ES a 2013/36/EU a nařízení (EU) č. 1093/2010 a zrušuje směrnice 2007/64/ES, https://eur-lex.europa.eu/legal-content/CS/TXT/?uri=CELEX%3A32015L2366, 23.12.2015.

[7] § 58 odst. 2: „Poskytovatel platebních služeb malého rozsahu je oprávněn poskytovat platební služby pouze tehdy, jestliže měsíční průměr částek jím provedených platebních transakcí v České republice, včetně platebních transakcí provedených prostřednictvím jeho pověřených zástupců, za posledních 12 měsíců nepřesahuje částku odpovídající 3 000 000 eur. Je-li poskytovatel platebních služeb malého rozsahu členem skupiny, započítávají se do tohoto průměru měsíčních částek i platební transakce, které se netýkají elektronických peněz a které za posledních 12 měsíců v České republice provedli vydavatelé elektronických peněz malého rozsahu a ostatní poskytovatelé platebních služeb malého rozsahu, kteří jsou členy téže skupiny, včetně platebních transakcí provedených prostřednictvím jejich pověřených zástupců."

[8] C-18/14 – CO Sociedad de Gestion y Participación a další https://curia.europa.eu/juris/liste.jsf?num=C-18/14

[9] Konsolidované znění: Směrnice Evropského parlamentu a Rady 2013/36/EU ze dne 26. června 2013 o přístupu k činnosti úvěrových institucí a o obezřetnostním dohledu nad úvěrovými institucemi a o změně směrnice 2002/87/ES a zrušení směrnic 2006/48/ES a 2006/49/ES https://eur-lex.europa.eu/legal-content/CS/TXT/?uri=CELEX%3A02013L0036-20220101

[10] Nařízení Evropského parlamentu a Rady (EU) č. 575/2013 ze dne 26. června 2013 o obezřetnostních požadavcích na úvěrové instituce a investiční podniky a o změně nařízení (EU) č. 648/2012 https://eur-lex.europa.eu/legal-content/CS/TXT/?uri=celex%3A32013R0575

[11] Další informace o mandátu ČNB viz příloha.

[12] Jedinou referencí mezi zkoumanými jurisdikcemi, kde byl tým schopen najít úroveň technologické připravenosti (TRL), je izraelský pilotní projekt v režimu FinTech, kde kritéria způsobilosti uvádějí TRL 6–8. https://innovationisrael.org.il/general_content/3813

Příloha A. Souvislosti zprávy o proveditelnosti a získané poznatky

Tato sekce poskytuje kontext hloubkové studie proveditelnosti týkající se FinTechového prostředí v České republice, jejíž hlavní zjištění jsou uvedena v kapitole 1. Tato studie tvořila základ doporučení uvedených v této zprávě pro implementaci regulatorního sandboxu prezentovaného v kapitole 2. Účel, cíle, činnosti a všechny relevantní podrobnosti týkající se realizace studie proveditelnosti pro regulatorní sandbox v České republice jsou uvedeny zde, a to v souladu s akcí, na níž se tento projekt zakládá.

Účel a cíle studie proveditelnosti pro regulatorní sandbox v České republice

Posláním Generálního ředitelství Evropské komise pro podporu strukturálních reforem (GŘ REFORM) je propagovat hospodářskou, sociální a územní soudržnost Evropské unie podporou úsilí členských států o provádění reforem. Česká republika požádala Evropskou komisi o podporu podle nařízení (EU) 2021/240, kterým se zřizuje Nástroj pro technickou podporu („nařízení o Nástroji pro technickou podporu"). Na základě posouzení se Evropská komise rozhodla žádost financovat a poskytnout České republice technickou podporu, a to společně s Organizací pro hospodářskou spolupráci a rozvoj (OECD). Technická podpora byla poskytnuta v oblasti administrativní a regulační reformy za účelem zřízení regulatorního sandboxu pro společnosti poskytující finanční technologie (FinTech)[1] v České republice.

Finanční technologie mohou zlepšit efektivitu finančního sektoru, a to tím spíše v souvislosti s trendem digitalizace, který se zintenzivnil během pandemie COVID-19. Moderní technologie a výhody českého odvětví IT (technické kapacity, dovednosti) však nejsou plně využívány a v České republice neexistuje žádný zprostředkovatel inovací, který by se věnoval FinTechovým společnostem. Důležité je, že úroveň inovací a technické složitosti FinTechových aplikací vede k tomu, že s ohledem na existenci nebo použitelnost příslušných regulačních a dohledových rámců je vnímána nejistota.

Cílem akce bylo analyzovat současné a potenciální využití dat ve finančních a souvisejících politických rámcích a podpořit růst finančních technologií v České republice poskytnutím doporučení ohledně návrhu regulatorního sandboxu s vyhrazenou testovací infrastrukturou pro sdílení a využívání dat s cílem využít potenciál FinTechových inovací při současném omezení vznikajících rizik a zabezpečení finančního systému.

Činnosti a výstupy uvedené v akci

Za účelem dosažení cílů akce provádí OECD akci postupně, přičemž vypracovala několik průběžných zpráv (Obrázek A A.1), a to prostřednictvím nepřetržitých konzultací s příslušnými českými zainteresovanými stranami a několika workshopů věnovaných prezentaci osvědčených postupů a poznatků týkajících se českého prostředí, s cílem podnítit diskusi a získat zpětnou vazbu.

Obrázek A A.1. Výstupy projektu

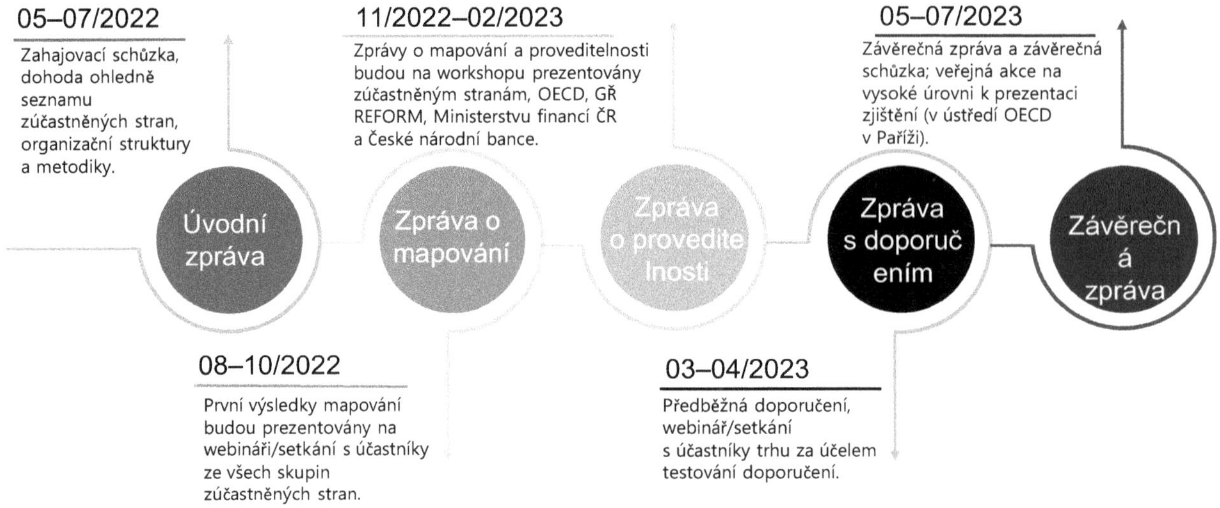

Akce byla zahájena **zahajovací událostí**, která se konala 5. května 2022 v Praze a jejíž účastníci zastupovali všechny skupiny zúčastněných stran, jichž se akce týká. Souběžně s tím začal tým OECD oslovovat mnoho příslušných zúčastněných stran prostřednictvím žádostí o osobní schůzky/pohovory a přizpůsobených dotazníků. Proběhly rozsáhlé konzultace s Českou národní bankou, Ministerstvem financí ČR a českými FinTechovými organizacemi. Několik dalších zúčastněných stran poskytlo týmu písemné odpovědi na otázky. OECD zveřejnila online dotazník zaměřený na začínající podniky a malé a střední podniky, který se zabýval těmito tématy: lidé a dovednosti, podnikové finance, inovace a správa dat, dodržování předpisů a rizika. Dne 1. července 2022 byla GŘ REFORM předložena **úvodní zpráva**, která představila provozní aspekty akce, včetně organizační struktury, popisu činností, harmonogramu, informačních potřeb, metodologie, komunikačních opatření, plánů externí komunikace, procesů zpětné vazby a potenciálních rizik spojených s prováděním akce.

Dne 20. září 2022 uspořádala OECD webinář, kde představila předběžná zjištění z **mapování českého FinTechového odvětví a prostředí** a obdržela zpětnou vazbu od účastníků. Vzhledem k tomu, že neexistovala žádná komplexní studie, která by popisovala FinTechové odvětví v České republice, byla zpráva o mapování zveřejněna jako zpráva OECD s cílem zlepšit viditelnost akce a poskytnout pevný základ místním a mezinárodním zúčastněným stranám (včetně investorů). Zpráva byla předložena GŘ REFORM dne 14. října 2022 a zveřejněna na akci dne 24. listopadu 2022 v Praze.

Zpráva o mapování přezkoumala stávající regulační a dohledový rámec z hlediska i) různých typů licencí a povolení, ii) příslušných procesů a iii) zapojených stran. Bylo rovněž provedeno posouzení možného dopadu nových legislativních návrhů EU na místní FinTechový trh. Toto posouzení vycházelo z důkladné analýzy důsledků očekávaných v současném navrhovaném regulačním rámci ve srovnání se stávajícím rámcem dohledu a regulace.

Zpráva vyhodnotila, že v České republice v té době působilo více než sto českých FinTechových společností, a to v řadě regulovaných i neregulovaných odvětví činnosti. Aktivita na finančním trhu v České republice je regulována Ministerstvem financí České republiky (MFČR), které vypracovává a přijímá politiku finančního trhu a připravuje právní předpisy. Česká národní banka (ČNB) je jediným jednotným orgánem dohledu nad finančními trhy v zemi. V listopadu 2019 zřídila ČNB kontaktní místo pro FinTech. Cílem kontaktního místa je pomáhat řešit nejasné regulační otázky – včetně licenčních a dohledových – s cílem usnadnit dodržování povinností, které účastníkům trhu ukládají právní předpisy o finančním trhu. Stanoviska ČNB poskytovaná prostřednictvím kontaktního místa nenahrazují oprávnění či schválení udělená v licenčním řízení a nejsou nijak závazná. Očekává se, že připravované návrhy právních předpisů EU zahrnou do oblasti působnosti regulace více subjektů, aby bylo dosaženo harmonizovaného právního rámce v celé EU. Tím se v konečném důsledku zvýší počet subjektů, které budou podléhat povolení a dohledu ze strany ČNB.

Podrobné odpovědi na online dotazník k 5. říjnu 2022 poskytlo 24 FinTechových společností, což představuje téměř čtvrtinu všech českých FinTechových společností. Přístup k datům má pro FinTechové společnosti zásadní význam a data jsou jádrem většiny činností v oblasti finančních technologií (např. obchodní modely založené na umělé inteligenci v obchodování, půjčky, financování založené na blockchainu). Více než 67 % respondentů v dotazníku OECD uvedlo, že přístup k finančním i nefinančním údajům je pro rozvoj jejich podnikání přínosný. Pokud se jedná o sdílení dat zabezpečené formálními regulačními ujednáními a rámci, jako je PSD2, dostupnost dat není zaručena. Více než 46 % firem, které na dotazník OECD odpověděly, mělo problémy s přístupem k údajům o zákaznících od finančních zprostředkovatelů.

Podle zjištění dotazníku OECD se nejvýznamnější hlášené překážky FinTechových inovací v České republice týkají regulace: nedostatečná regulační jasnost (67 %), byrokracie (63 %) a požadavky na udělování licencí a dohled (58 %), po kterých následují vstupní bariéry (54 % respondentů). Podle průzkumu OECD by 71 % respondentů z řad FinTechových společností mělo zájem o účast v sandboxu se zaměřením na data, pokud by měl být k dispozici. Dvě třetiny z nich by měly zájem o účast pouze v závislosti na podmínkách takového sandboxu. Odpovědi zdůraznily důležitost dobře promyšleného návrhu a struktury jakéhokoli budoucího uspořádání sandboxu a také možný nedostatek jasného pochopení toho, co sandbox ze strany FinTechových společností obnáší, což podtrhuje důležitost jasné komunikace a požadovaného vzdělávacího úsilí, které může být nutné vyvinout před budoucím zřízením sandboxu.

Druhý workshop v rámci akce se konal 24. listopadu na Ministerstvu financí ČR v Praze. Na workshopu se sešlo 62 účastníků z veřejného sektoru, soukromého sektoru včetně FinTechových společností a sdružení zastupujících dané odvětví, akademické obce a dalších zástupců místních a mezinárodních orgánů. Byla představena předběžná analýza nedostatků a s účastníky ze všech částí prostředí proběhla otevřená diskuse o zjištěných nedostatcích a alternativních politikách za účelem nápravy nedostatků a zmírnění omezení rozvoje českého FinTechového prostředí. Součástí workshopu bylo také sdílení znalostí o opatřeních pro sdílení dat a diskuse u kulatého stolu o českém FinTechovém prostředí.

Zpráva o proveditelnosti, která byla předložena GŘ REFORM v lednu 2023, zdůrazňuje osvědčené postupy v politických rámcích napříč ekonomikami OECD s cílem podpořit rozvoj finančních technologií. S ohledem na tyto osvědčené postupy pak zpráva analyzuje současný regulační a dohledový rámec zavedený v České republice a dokumentuje nedostatky a bariéry související s dalšími aspekty českých finančních trhů, které mohou bránit rozvoji českého FinTechového odvětví. Zpráva zdůrazňuje finanční gramotnost a rozvoj kapitálového trhu jako oblasti, které je v České republice zapotřebí zlepšit, aby bylo dosaženo souladu s osvědčenými postupy. Existují náznaky toho, že současný dialog mezi ČNB a FinTechovými společnostmi nemusí být optimální. Z tohoto důvodu zpráva doporučuje zřízení určité formy zprostředkovatele inovací jako způsobu, jak podpořit šíření porozumění a znalostí předpisů, dohledu a norem a zároveň informovat orgány o dopadech předpisů, a tím podpořit inovace nejen na trhu, ale také v rámci orgánů.

Zprostředkovatel inovací, jako je regulatorní sandbox, by zejména mohl posílit omezenou kapacitu kontaktního místa pro FinTech, a to hlavně s ohledem na nadcházející změny regulačního prostředí spojeného s finančními technologiemi a na související vyšší potřebu poradenství, kterou FinTechové společnosti mají. Závěrečná zpráva **rozvíjí konkrétní doporučení** ohledně podoby sandboxu pro Českou republiku vyplývající z analýzy, a to v úzké spolupráci s Českou národní bankou a Ministerstvem financí. Tato doporučení vycházejí ze zkušeností s modely sandboxů v jiných jurisdikcích a jsou upravena tak, aby vyhovovala specifickým potřebám českého finančního prostředí.

Doporučením pro český sandbox je začít se zřízením „standardního" regulatorního sandboxu, který bude plně pod správou českých orgánů, a do maximální možné míry zajistit sdílení dat, pokud to podmínky dovolí. Proveditelnost této možnosti bude založena na i) dostupnosti datových souborů a schopnosti je zpřístupnit; ii) kapacitě orgánů účastnících se sandboxu. Doporučená oblast působnosti českého sandboxu by se vztahovala na společnosti, které nabízejí inovativní produkt nebo službu, a to bez omezení týkajících se odvětví činnosti za předpokladu, že přímo či nepřímo spadá do působnosti orgánu finančního dohledu (ČNB). K účasti v českém sandboxu by proto mohla být zvažována jakákoli finanční činnost za předpokladu, že žadatelé z řad společností splňují stanovená kritéria způsobilosti. Doporučená struktura českého sandboxu nedoporučuje poskytovat žádné výjimky, omezená povolení nebo jiné zmírnění stávajících platných pravidel, které by bylo v každém případě v rozporu s pravidly EU. Doporučuje se, aby se u firem účastnících se českého sandboxu a dle uvážení orgánu dohledu přiměřeně uplatňovaly stávající požadavky na regulaci a dohled, které spadají do regulace finančních služeb EU. Sandbox by měl společnostem nabídnout individuální poradenství a atraktivní časové lhůty pro různé fáze testování.

Poznatky získané během provádění akce

Význam budování komunikačních kanálů mezi různými zúčastněnými stranami ve FinTechovém prostředí

Zásadní význam pro rozvoj FinTechového trhu má účinná komunikace mezi všemi zúčastněnými stranami zapojenými do FinTechového prostředí. Bez fungujících komunikačních kanálů založených na spolupráci je obtížné FinTechový trh rozvíjet a podporovat, neboť zúčastněné strany nemusí znát nebo dobře chápat odlišná stanoviska a vnímání. V případě českého FinTechového prostředí FinTechové společnosti vnímaly ČNB jako instituci, která stojí na straně velkých zavedených subjektů a nemá v úmyslu napomáhat rozvoji podnikatelského prostředí pro FinTechové společnosti a podporovat jejich růst. ČNB na druhé straně možná plně nevyužila výhod interakce s FinTechovými společnostmi, aby lépe porozuměla jejich obchodním modelům nebo řešila vnímané překážky jejich růstu.

Mezery v komunikaci mezi ČNB a FinTechovými společnostmi způsobily problémy v procesu udělování licencí poskytovatelům platebních služeb. Příkladem překážky, na kterou FinTechové společnosti z oblasti poskytovatelů platebních služeb narazily, je získání licence. ČNB se od zavedení regulačního rámce PSD2 potýká se zvýšenou poptávkou po licencích ze strany různých platebních subjektů a zároveň vyjadřuje nespokojenost s kvalitou těchto žádostí. Míra schválení těchto subjektů je nízká a počet poskytovatelů platebních služeb od roku 2018 klesá z důvodu přísnějších požadavků nových pravidel PSD2 a také jejich vymáhání ze strany ČNB a požadavků v oblasti AML.

Regulatorní sandbox může zlepšit dialog a snížit zátěž, s níž se FinTechové odvětví setkává nebo kterou vnímá. Aby bylo možné hlouběji porozumět hlavním překážkám, na které FinTechové společnosti narážejí, provedla OECD dotazníkové šetření s cílem shromáždit poznatky z pohledu odvětví. Hlavní hlášené problémy se týkaly především regulace, přičemž na prvních místech v seznamu se nacházely nedostatečná regulační jasnost, byrokracie a licenční požadavky. Ze zjištění vyplývá, že pro zlepšení komunikačních kanálů mezi orgánem dohledu a FinTechovými společnostmi skutečně existuje důvod a regulatorní sandbox by mohl být jedním ze způsobů, jak zlepšit dialog a zmírnit některé z uváděných zátěží, s nimiž se toto odvětví potýká, což by bylo přínosné pro orgány i pro FinTechové společnosti.

Forma zprostředkovatele inovací zřízeného orgány by mohla mít významný signalizační účinek

Mezi FinTechovými společnostmi a regulačními orgány / orgánem dohledu panuje protichůdné vnímání. V souvislosti s problémem nedostatečné komunikace se zdá, že mezi FinTechovými společnostmi a regulačními orgány / orgánem dohledu dochází ke střetu názorů. Orgány na jedné straně mohou vnímat mnoho FinTechových společností jako podniky, které nejsou ochotny nebo schopny investovat do pochopení a zajištění dodržování stávajících pravidel (což označují jako „byrokracii“) a které chtějí zůstat mimo působnost regulačního orgánu pro účely regulatorní arbitráže. Na druhé straně se zdá, že FinTechové společnosti vnímají regulační orgány a orgány dohledu jako neochotné poskytovat poradenství nebo pomáhat rozvoji odvětví finančních technologií, a to navzdory potenciálu těchto firem přispívat k možné efektivitě a dalším přínosům pro společnost jako celek. Takové zobecněné vnímání je kontraproduktivní a neodráží realitu situace, neboť regulace a dohled poskytují společné výhody a usilují o společné cíle mezi FinTechovými společnostmi a orgány, jako je zaručení ochrany spotřebitele, což zvýší důvěru spotřebitelů v inovativní služby.

Regulatorní sandbox by mohl sloužit jako důležitý signalizační nástroj, jehož prostřednictvím orgány mohou prokázat svou ochotu podporovat bezpečný a odolný rozvoj FinTechového odvětví. Z hlediska signalizace by regulatorní sandbox mohl FinTechovému prostředí stále přinášet výhody bez ohledu na to, zda je sandbox rozsáhlý nebo malý a zda obsahuje málo nebo více funkcí. Tato iniciativa by mohla signalizovat úsilí orgánů o podporu lepšího dialogu s FinTechovými společnostmi a rozvoje bezpečného FinTechového prostředí. Mohla by tedy zlepšit současné vnímání mnoha subjektů ve FinTechovém odvětví ohledně možného negativního postoje, který regulační orgány a orgány dohledu zaujímají vůči inovacím ve finančním sektoru. Současně je důležité přidělit účastníkům sandboxu odpovídající kapacitu a nabídnout jim skutečné měřitelné výhody, jako jsou obvyklé pokyny a atraktivní lhůty, a to spolu se skutečným záměrem podporovat inovace, aby se zlepšilo současné vnímání.

FinTechové společnosti nejsou dostatečně vzdělávány o úloze a potřebě regulace při ochraně sebe sama, svých zákazníků a finančních trhů

Mnoho českých FinTechových společností, zejména mladých začínajících podniků, nechápe, jak důležitou roli hraje regulace při ochraně jejich vlastních aktivit, spotřebitelů na finančním trhu, kteří tvoří základnu jejich zákazníků, a finančních trhů, na kterých působí. Mnoha FinTechovým společnostem, které byly konzultovány během průzkumných a analytických fází projektu, chybělo důkladné pochopení základních cílů regulace na finančních trzích a specifik regulačních a dohledových požadavků na finanční činnost. I když to pro mnoho FinTechových společností ve vyspělých ekonomikách není neobvyklé, je možná potřeba zvýšit úsilí v oblasti finančního vzdělávání u FinTechových společností (a mikropodniků a malých a středních podniků obecněji).

Ve vztahu k FinTechovým společnostem může být zapotřebí zvýšit finanční vzdělávání. Vzhledem k úzké spolupráci orgánu dohledu se zúčastněnými podniky by k tomuto úsilí jako pozitivní vedlejší produkt mohlo rovněž přispět případné zřízení zprostředkovatele inovací v podobě regulatorního sandboxu.

Poznámka

[1] Podle Rady pro finanční stabilitu (FSB) lze finanční technologie (FinTech) definovat jako *„inovace v oblasti finančních služeb založené na technologiích, jež mohou vytvořit nové obchodní modely, aplikace, procesy nebo produkty a mohou mít podstatný přidružený vliv na finanční trhy a instituce a způsob poskytování finančních služeb“*.

Přílohy B. Kontext pro zprostředkovatele inovací

V zájmu lepšího porozumění novým činnostem, obchodním modelům, rizikům a motivacím v oblasti finančních technologií se četné platformy pro regulační dosah na FinTechové odvětví stále více institucionalizují prostřednictvím „zprostředkovatelů inovací“, kteří mají v závislosti na jurisdikci různé formy a většinou mají podobu inovačních center nebo sandboxů. Jak bylo doporučeno v řadě jurisdikcí OECD, včetně Evropské unie (EU) a Spojených států, je za účelem řešení vznikajících politických problémů důležité zvážit integraci konkrétních předpisů založených na subjektech (Carstens et al., 2021[1]). Každá jurisdikce má odlišný charakter FinTechového odvětví, který je ovlivněn těmito iniciativami a širším regulačním prostředím, přičemž se regulatorní sandboxy již staly hlavním proudem (Ahern et al., 2023[2]).

Společným cílem zprostředkovatelů inovací je podporovat potenciál FinTechových inovací a zároveň omezovat rizika a chránit finanční systém. Zprostředkovatelé inovací poskytují podnikům individualizované poradenství a mají v úmyslu podporovat aktivní a konstruktivní dialog, který bude přínosem pro všechny zúčastněné strany ve FinTechovém prostředí. Zprostředkovatelé inovací by dále mohli podporovat šíření porozumění a znalostí předpisů, dohledu a norem a zároveň informovat regulační orgány a orgány dohledu o dopadech předpisů, a tím podpořit inovace nejen na trhu, ale také v rámci regulačních orgánů a orgánů dohledu. Zprostředkovatelé inovací také mohou zvýšit právní jistotu, přičemž se nadále uplatňují pravidla a předpisy, aniž by docházelo k obcházení pravidel pro FinTechové společnosti.

Vnitrostátní zprostředkovatele inovací v EU sdružuje Evropské fórum zprostředkovatelů inovací (EFIF).[1] Fórum EFIF sdílí zkušenosti ze spolupráce s společnostmi prostřednictvím sandboxů a inovačních center, vyměňuje si technologické odborné znalosti a usiluje o dosažení konsensu ohledně regulace inovativních produktů a služeb, spolu s vytvářením případových studií (jako je RegTech) a přeshraničním testováním. Členy fóra EFIF je všech 27 členských států EU (v odvětví cenných papírů, bankovnictví a pojišťovnictví) a tři země Evropského hospodářského prostoru (EHP) (Island, Lichtenštejnsko a Norsko). Regulační orgány i inovátoři uznávají přínosy inovačních center a regulatorních sandboxů. Mezi tyto přínosy patří podněcování inovací při současném zachování ostražitosti vůči vznikajícím rizikům, snížení informační asymetrie a snížení regulačních nákladů nebo nejistoty (ESMA, EBA and EIOPA, 2019[3]). Orgány v důsledku těchto zprostředkovatelů navíc zaznamenaly zvýšenou míru zapojení FinTechových společností.[2]

Inovační centrum je zprostředkovatelem inovací zřízeným orgánem dohledu, aby pomáhalo podnikům, regulovaným či nikoli, při orientaci v regulačním prostředí nebo při identifikaci politických či právních otázek a problémů v oblasti dohledu. Inovační centra mají obvykle ústřední kontaktní místo pro FinTechové společnosti, kde lze komunikovat přímo s orgány a objasnit dodržování licenčních norem nebo regulačních rámců. FinTechové společnosti mohou inovační centra využít k tomu, aby se zorientovaly v právních, politických a regulačních systémech. Poskytovaná podpora může být přímá nebo nepřímá, prostřednictvím řízení trhu, a často vylučuje testování produktů nebo služeb (World Bank, 2020[4]). Německo a Banka pro mezinárodní platby (BIS) zřídily taková inovační centra na podporu FinTechových společností.[3]

Referenční dokumenty

Ahern, D. et al. (2023), "The Role of Sectoral Regulators and other State Actors in Formulating Novel and Alternative Pro-Competition Mechanisms In Fintech", http://www.tara.tcd.ie/handle/2262/101066 (accessed on 19 December 2022). [2]

Carstens, A. et al. (2021), *Regulating big techs in finance*, BIS Bulletin No 45, http://www.bis.org (accessed on 19 December 2022). [1]

ESMA, EBA and EIOPA (2019), *FinTech: Regulatory sandboxes and innovation hubs*, https://ec.europa.eu/info/publications/180308-action-plan-fintech_en. (accessed on 5 May 2023). [3]

World Bank (2020), "Global Experiences from Regulatory Sandboxes", *Fintech Note*, No. 8, World Bank, Washington DC, https://doi.org/10.1596/34789. [4]

Poznámky

[1] Fórum EFIF je společně řízeno Evropským orgánem pro cenné papíry a trhy (ESMA), Evropským orgánem pro bankovnictví (EBA) a Evropským orgánem pro pojišťovnictví a zaměstnanecké penzijní pojištění (EIOPA) ve spolupráci s Evropskou komisí (GŘ FISMA).

[2] Prezentace přednesená na workshopu OECD v Praze dne 24. listopadu 2022.

[3] Prezentace přednesená na workshopu OECD v Praze dne 24. listopadu 2022.

Přílohy C. Praktické příklady datových sandboxů

Španělsko

Banco de España se zúčastnila pilotního projektu zaměřeného na syntetická data, který vedla Evropská komise s cílem podpořit vytvoření datového centra v rámci budoucí platformy EU pro digitální finance. Pilotní projekt spočíval v testování postupu generování syntetických dat na základě datových souborů centrální rozvahy (CBI) a úvěrů právnickým osobám (CIR), které jsou k dispozici v datové laboratoři Banco de España (BELab). Počáteční výsledky získané během pilotního projektu byly celkově pozitivní a povzbudivé pro další zkoumání technologie. V datech však byla zjištěna určitá omezení, jako je potlačení odlehlých hodnot, nerovnováha mezi proměnnými a nemožnost sloučení syntetických datových souborů.

Pilotní projekt zdůraznil, že syntéza dat by měla být považována za průřezový projekt, který v rámci orgánu dohledu vyžaduje spolupráci více oddělení a závazek poskytovatele softwaru. Přestože laboratoř BELab zkrátila dobu potřebnou k syntéze dat, byl proces velmi náročný na čas a zdroje a vyžadoval vysoce specializované pracovníky.

Banco de España se domnívá, že syntetická data by mohla být cenným příspěvkem pro sandboxy a přeshraniční testování, avšak omezení zjištěná v datech mohou v některých případech bránit jejich použití. Účastníci trhu by si proto měli být těchto omezení vědomi. Výsledky pilotního projektu by při stanovování podmínek nabídkového řízení nebo budování datového centra neměly být považovány za jediný zdroj informací. K získání spolehlivějších závěrů je zapotřebí další analýza a více času.

Spojené království

Orgán dohledu nad finančními trhy (Financial Conduct Authority, FCA) společně s institucí City of London Corporation úspěšně vytvořil digitální sandbox, přičemž již probíhají dva pilotní projekty, které nabízejí přístup k syntetickým datovým souborům pro testování a vývoj ověření koncepce. První pilotní projekt probíhal od října 2020 do února 2021 a zaměřoval se na zlepšení financování malých a středních podniků, odhalování a prevenci podvodů a podporu finanční odolnosti zranitelných zákazníků. Druhý pilotní projekt probíhal od října 2021 do března 2022 a zaměřoval se na finanční inovace spojené s udržitelností. Kromě syntetických datových souborů nabídly pilotní projekty účastníkům přístup k řadě dalších vývojových nástrojů, jako jsou API a programovací prostředí, stejně jako přístup k odborným mentorům a pozorovatelům.

Účastníci označovali syntetická data za nejhodnotnější prvek, přičemž se zároveň jednalo o prvek s největším potenciálem pro zlepšení. Referenční datové soubory a podrobnější údaje by zejména umožnily účinnější testování a další vývoj produktů. Celkově 84 % respondentů uvedlo, že pilotní projekt urychlil vývoj jejich produktů. I když je obtížné tuto úroveň zrychlení zjistit nebo kvantifikovat, analýza ukazuje, že největším faktorem byl snadný přístup k datům při vývoji počáteční fáze ověření konceptu. Několik účastníků odhadovalo, že svůj vývoj urychlili o 4–6 měsíců, přičemž u jednoho z nich se jednalo o 18–24 měsíců, a to především díky tomu, že nejdříve nemuseli hledat partnera z odvětví a spolupracovat s ním, aby mohli začít s ověřováním konceptu, nebo že získávali či generovali data sami.

Ti, kteří zjistili, že pilotní nástroje jejich vývoj neurychlily nebo nezlepšily, obecně uváděli, že se to týkalo toho, že data byla ke splnění jejich případu použití nějakým způsobem nedostatečná. To bylo důsledkem jedné z těchto možností nebo jejich kombinace:

Nedostatečně podrobná data, zejména nedostatek relevantních typologií nebo chování, které byly potřeba k modelování řešení. Do syntetických dat například nebyly z důvodu složitosti vloženy vzorce transakčních výdajů, které svědčí o kolísavém duševním zdraví zákazníka (v případech použití u zranitelných spotřebitelů).

Požadované datové soubory nebyly k dispozici. Například velké objemy nestrukturovaných dat, jako jsou texty stížností spotřebitelů, k trénování a ověřování technik zpracování přirozeného jazyka.

Datové soubory nebyly referenčně propojeny. Například různé datové soubory byly generovány nezávisle, takže vzorce chování nebo charakteristiky syntetického jedince „Johna Smithe“ se neshodovaly s „Johnem Smithem“ v samostatném datovém souboru.

I přes tato omezení však účastníci zaznamenali užitečnost datových souborů pro „bootstrapping“ návrhu produktu. I v případech, kdy data nemohla být použita k upřesnění algoritmického modelu, měla význam při poskytnutí datových modelů, datových struktur a formátů, které byly reprezentativní pro to, s čím by pracovali v reálném produkčním prostředí (FCA, 2021[1]).

Je třeba také poznamenat, že ve Spojeném království byl proces vývoje FinTechových řešení optimalizován díky dlouholetým zkušenostem a inovacím v tomto odvětví. Byl zaveden systematický přístup, který začíná definicí problému a nechává FinTechové společnosti prozkoumat možná řešení. Dalším krokem je Tech Sprint, který zahrnuje definování problému a poskytnutí datových souborů k vývoji ověření konceptu. Fáze digitálního sandboxu navazuje na ověření konceptu a dále testuje potenciální řešení a jejich životaschopnost. A konečně, regulatorní sandbox posuzuje regulační požadavky na minimální životaschopný produkt (MVP) vyvinutý během předchozích fází. Tento postupný proces poskytuje jasnou cestu pro vývoj a implementaci inovativních FinTechových řešení, což umožňuje hladký přechod od konceptu k produktu připravenému k uvedení na trh (Obrázek A C.1).

Obrázek A C.1. Digitální a regulační sandboxy založené na systematickém přístupu orgánu FCA Spojeného království

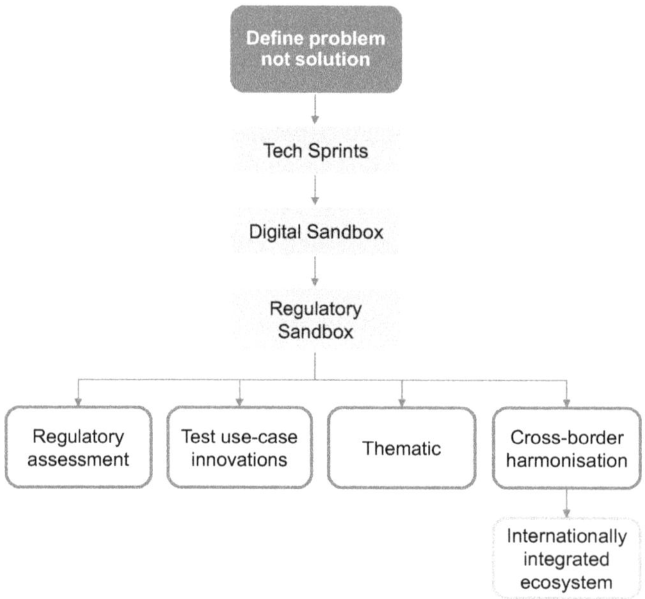

Existuje několik zemí, které implementovaly datové sandboxy, včetně Austrálie, Singapuru, Spojeného království a Kanady. Jediným sandboxem zaměřeným na finanční inovace, který účastníkům dosud nabízel přístup k finančním datům, je však orgán FCA, přičemž poslední dvě kohorty nabízejí datový atribut.

Austrálie

Australská komise pro hospodářskou soutěž a spotřebitele (ACCC) zřídila sandbox pro práva spotřebitelů v oblasti dat (CDR)[1] na podporu vývoje a testování řešení souvisejících s těmito právy ze strany podniků. Komise ACCC vytvořila „falešný“ registr, „falešného“ držitele dat a „falešné“ úložiště týkající se CDR pro příjemce dat, které podnikům pomáhají vyvíjet a testovat řešení v oblasti CDR v jejich vlastním IT prostředí. Toto falešné prostředí bylo z platformy GitHub staženo více než 20 000krát a od účastníků CDR a poskytovatelů platforem získalo pozitivní zpětnou vazbu. Komise ACCC nyní spouští hostované prostředí sandboxu, které navazuje na tyto zkušební nástroje, což podnikům umožňuje testovat řešení v oblasti CDR s ostatními účastníky a ověřovat technická řešení v rané fázi cyklu vývoje softwaru. Tento sandbox má potenciál snížit bariéru pro podniky, které se k CDR chtějí připojit, a zvýšit kvalitu řešení. Komise ACCC očekává, že sandbox bude účastníky CDR široce přijat a umožní testování společných platforem s jinými systémy před jejich rozsáhlou implementací.

Referenční dokumenty

FCA (2021), *Supporting innovation in financial services: the digital sandbox pilot*, https://www.fca.org.uk/publication/corporate/digital-sandbox-joint-report.pdf (accessed on 20 March 2023). [1]

Poznámka

[1]Austrálie uvádí typ dat dostupných pro sandbox prostřednictvím tohoto odkazu: https://github.com/ConsumerDataRight/sandbox.

Přílohy D. Příklady regulatorních sandboxů

Tabulka A D.1. Rakouský sandbox

Č.	Oblast	
1.	Instituce podílející se na výběru účastníků a provozu regulatorního sandboxu	Orgán finančního dohledu. Zřízení a fungování regulatorního sandboxu bylo dosaženo prostřednictvím legislativní změny v základním právním rámci Orgánu finančního dohledu (FMA), která umožnila zřízení a provoz sandboxu v rámci jeho působnosti. Článek 23a zákona o orgánu finančního dohledu (FMABG, Finanzmarktaufsichtsbehördengesetz) vstoupil v platnost dne 1. září 2020. Orgánu FMA poskytuje nezbytné kompetence pro rámec pro sandbox a vytváří jej. Orgán FMA může jednat pouze na základě tohoto zákona a o účastníkovi regulatorního sandboxu nesmí rozhodovat podle svého svobodného uvážení.
		Orgán FMA informuje spolkového ministra financí o žádostech. Poradní orgán (Regulatory Sandbox Beirat) zřízený při Spolkovém ministerstvu financí pro posuzování dopadu obchodních modelů sandboxu, jehož jednací řád stanoví spolkový ministr financí.
		Regulatory Sandbox Beirat předloží orgánu FMA stanovisko o existenci hospodářského zájmu podle odst. 2 bodu 2 písm. c) z celkového národního hospodářského hlediska a regionálního hlediska, jakož i za účelem posouzení připravenosti na testovací fázi (odst. 2 bod 3) a připravenosti trhu (odst. 2 bod 4). Orgán FMA rozhoduje o úplných žádostech o přijetí do sandboxu s přihlédnutím k tomuto stanovisku.
		Členy poradního orgánu (Beirat) jsou:
		1. zástupce Spolkového ministerstva financí jako předseda,
		2. zástupce Úřadu spolkového kancléře (Bundeskanzleramt),
		3. zástupce orgánu FMA,
		4. zástupce Rakouské národní banky (OeNB) a také
		5. až šest dalších členů, které jmenuje spolkový ministr financí a kteří jsou na základě svého odborného vzdělání nebo jiných relevantních odborných znalostí vhodní k tomu, aby přispěli k odbornému přezkumu.
		Členové poradního orgánu vykonávají svou funkci dobrovolně. Záležitosti poradního orgánu řídí Spolkové ministerstvo financí. Všechny osoby, které se na stanovisku podílejí, jsou povinny zachovávat mlčenlivost o veškerých úředních a obchodních tajemstvích, o kterých se při výkonu této práce dozvěděly.
2.	Uplatňování zavedených provozních zásad subjektem v rámci regulatorního sandboxu, včetně těchto požadavků:	Subjekt musí dodržovat všechny požadavky, které jsou v licenčním řízení předepsány zákonem jako povinné, jako je technická vhodnost nebo požadavek, aby daná pozice byla hlavním zaměstnáním alespoň jednoho ředitele poskytovatele platebních služeb podle zákona o platebních službách z roku 2018 (ZaDiG 2018; Zahlungsdienstegesetz 2018). V rámci sandboxu nesmí být žádná ustanovení pozastavena nebo neuplatňována podle uvážení orgánu FMA. V rámci těchto právních požadavků však zůstává prostor pro uplatňování proporcionality, např. test vhodnosti a řádnosti pro ředitele. Míra, do jaké musí být vrcholové vedení vhodné a řádné, závisí na rozsahu a povaze činnosti během testovací fáze.
	Potenciální kapitálové požadavky	Zákonné minimální požadavky pro udělení licence podle příslušného zákona o dohledu musí být splněny i u licence v sandboxu. Například čl. 16 odst. 1 zákona ZaDiG 2018 stanoví kmenový kapitál tier 1 ve výši 125 000 EUR pro provozování podnikání s platebními nástroji nebo platebního podnikání. Podle čl. 17 odst. 1 zákona ZaDiG 2018 jsou platební instituce povinny mít vždy dostatečný kapitál. To závisí na různých metodách výpočtu ve vztahu k povaze a rozsahu podnikatelské činnosti, např. z objemu plateb, které protékají platební institucí. U licence se obecně vyžaduje podstatně vyšší kapitál, než jaký je povinně stanoven v ustanoveních o počátečním kapitálu. Do jaké míry má být přiměřený kapitál konkrétně držen, se u testovací fáze posuzuje případ od případu. Při sestavování parametrů testu společně se subjektem se například zvažuje, zda je zpočátku cílem omezený provoz s nízkým počtem zákazníků a transakcí. Konkrétní kapitálový požadavek se také zakládá na tomto faktoru.
3.	Harmonogram fází sandboxu	Pokud jsou zcela splněny všechny podmínky pro podání žádosti podle čl. 23a odst. 2 zákona FMABG a bylo obdrženo stanovisko poradního orgánu pro regulatorní sandbox, je orgán FMA povinen rozhodnout o žádosti do šesti měsíců.
		Čtyři fáze https://www.fma.gv.at/en/fintech-point-of-contact-sandbox/fma-sandbox/how-it-works/ (v němčině)
4.	Publicita související s účastí v sandboxu	Reklamní materiály účastníků sandboxu nesmí vytvářet dojem, že účast v sandboxu představuje přínos pro zákazníky. V průběhu celého postupu je třeba udržovat transparentní a nezavádějící vnější obraz. Není možné obchodní model inzerovat pomocí „pečetě kvality“ orgánu FMA. Bylo by také zavádějící nabízet

Č.	Oblast	
		vyhlídku na licenci předtím, než bude skutečně existovat. Závazek sandboxu znamená, že obě strany musí být při řešení stávajících rizik ohrožení reputace opatrné. Nejasnosti nebo přehnaná hlášení nejsou na místě. Orgán FMA informuje veřejnost o obchodním modelu a účastníkovi sandboxu před zahájením testu. Provozní nebo obchodní tajemství musí být chráněna.
5.	Postup podávání žádostí	Žádost o přijetí do sandboxu musí být předložena orgánu FMA. Pro přijetí do sandboxu platí tyto podmínky:
		1. Pro obchodní model žadatele o účast v sandboxu založený na informačních a komunikačních technologiích (IKT):
		a) posouzení jako činnosti, která vyžaduje licenci, schválení, povolení nebo registraci v souladu s jedním ze spolkových zákonů uvedených v čl. 2 odst. 1 až 4 nebo podle nařízení (EU) č. 1024/2013, musí být považováno přinejmenším za logické nebo
		b) pokud byly licence, schválení, povolení nebo registrace uděleny v souladu s jedním ze spolkových zákonů uvedených v čl. 2 odst. 1 až 4, ačkoli žadatel může žádost podat společně s podnikem, na nějž se nevztahují povinnosti licence, schválení, povolení nebo registrace v souladu s jedním ze spolkových zákonů uvedených v čl. 2 odst. 1 až 4.
		2. Realizace obchodního modelu sandboxu:
		a) vyžaduje hodnocení ze strany orgánu FMA v souladu se spolkovými zákony uvedenými v čl. 2 odst. 1 až 4 a b) nepodléhá výlučnému hodnocení prováděnému Evropskou centrální bankou, Jednotným výborem pro řešení krizí nebo evropským orgánem dohledu podle čl. 21a odst. 1 bodů 1 až 4 tohoto spolkového zákona, a
		c) je v hospodářském zájmu inovačního finančního střediska, zejména z důvodu zvýšené hodnoty inovací, a
		d) pravděpodobně neohrozí finanční stabilitu nebo ochranu spotřebitele.
		3. Pro implementaci obchodního modelu v sandboxu neexistují žádné obecné technické nebo právní překážky (připravenost pro účely testování), s výjimkou právních jednání, která je třeba v sandboxu vyjasnit a která vyplývají z příslušných platných spolkových zákonů uvedených v čl. 2 odst. 1 až 4.
		4. Lze očekávat, že připravenost trhu u obchodních modelů sandboxu se jejich přijetím do sandboxu urychlí.
		5. Očekává se, že nevyřešené otázky týkající se právních předpisů v oblasti dohledu bude možné vyjasnit prostřednictvím sandboxu.
	Fáze podávání žádostí	Orgán FMA může udělit omezenou licenci, schválení, povolení nebo registraci v souladu s příslušnými platnými spolkovými zákony uvedenými v čl. 2 odst. 1 až 4 a b) prostřednictvím správního rozhodnutí pro činnosti, které nespadají do pravomoci Evropské centrální banky, Jednotného výboru pro řešení krizí nebo evropského orgánu dohledu podle čl. 21a odst. 1 bodů 1 až 4. Orgán FMA, aniž jsou dotčena jiná právní ustanovení uvedeného zákona, může stanovit vhodné požadavky, podmínky a lhůty.
		Současně s udělením omezené licence, schválení, povolení nebo registrace podle odstavce 5 nebo v případě, že takové povolení není vyžadováno bez zbytečného odkladu po přijetí do sandboxu, orgán FMA po vyslechnutí účastníka a ve spolupráci s ním stanoví podmínky pro testovací fázi včetně vhodných parametrů testu a měřitelných cílů pro hodnocení implementace modelu sandboxu.
	Kritéria způsobilosti	Pro účast platí další podmínky (dle https://technologyquotient.freshfields.com/post/102gbaq/new-regulatory-sandbox-for-austria).
		Inovace – obchodní model sandboxu se musí zakládat na informačních a komunikačních technologiích. Tento požadavek by měl být vykládán široce a technologicky neutrálním způsobem. Tyto inovace zahrnují řešení pro (digitální nebo jiný) přenos, uchovávání a zpracování jazyka, textu, statických a pohyblivých obrazů a dat a obecně se budou vztahovat na veškeré činnosti FinTechových společností.
		Význam pro orgán FMA – obchodní model sandboxu musí spadat do pravomoci orgánu FMA. Vyloučeny jsou například obchodní modely, které nevyžadují žádné povolení nebo jejichž povolení není v kompetenci FMA (např. živnostenské oprávnění). Pokud je jediným kompetentním orgánem Evropská centrální banka, Jednotný výbor pro řešení krizí nebo evropský orgán dohledu, pak obchodní model také není způsobilý.
		Veřejný zájem – obchodní model sandboxu musí být (zejména vzhledem ke své inovativní povaze) v širším hospodářském zájmu.
		Urychlení tržní zralosti – začlenění do sandboxu musí urychlit tržní zralost obchodního modelu sandboxu.
		Připravenost na test – kromě regulačních otázek, které je v sandboxu třeba vyjasnit (viz další bod), nesmí pro implementaci obchodního modelu sandboxu existovat žádné zásadní technické nebo právní překážky.
		Vyjasnění otevřených regulačních otázek – účast v sandboxu musí umožnit vyjasnění otevřených regulačních otázek. To vylučuje obchodní modely, které orgán FMA již schválil nebo k nimž již vydal stanoviska.
		Žádné negativní důsledky – obchodní model sandboxu nesmí představovat hrozbu pro stabilitu finančního trhu nebo ochranu spotřebitele. Tento požadavek byl přidán do verze návrhu zákona, který byl rozeslán v loňském roce, aby se rakouská pravidla sandboxu více přizpůsobila ostatním zemím.
	Dokumenty k žádosti	
	Podrobnosti postupu přijímání	Účastníkem sandboxu je podnik, kterému orgán FMA udělil přístup do sandboxu prostřednictvím správního rozhodnutí.
		Byla stanovena kritéria pro přijetí do sandboxu a požadavky ohledně fungování testu byly dokončeny.

Č.	Oblast	
6.	Povolovací proces, včetně následujících podmínek:	Například služby, které vyžadují licenci, by nikdy neměly být povolovány na „testovací bázi" bez licence. Sandbox pro FinTechové společnosti otevírá novou cestu k licencím, ale nejedná se o zjednodušenou licenci. Požadavky na dohled se upravují pouze v rámci oblasti působnosti zásady proporcionality pro dohled v závislosti na obchodním modelu, pokud to právní předpisy v oblasti dohledu umožňují.
		V případě aktivit, které mají omezený rozsah a omezenou působnost, může orgán FMA udělit omezenou licenci nebo povolení prostřednictvím správního rozhodnutí, jak je již uvedeno v platných právních předpisech. Tuto omezenou licenci je však možné udělit pouze pro činnosti, které nespadají do pravomoci Evropské centrální banky, Jednotného výboru pro řešení krizí nebo evropského orgánu dohledu.
	Seznam dokumentů a informací nutných pro žádost o licenci, podmínky obsažené v licenci	Žadatelé předloží orgánu FMA veškeré nezbytné dokumenty, zejména obchodní plány, pro účely hodnocení kritérií [postupu podávání žádostí] v bodech 1 a 2 a poskytnou mu informace a podpůrné doklady. Splnění podmínek podle bodu 2 písm. c) musí žadatel doložit zvlášť. Žadatel dále předloží odůvodnění vysvětlení, v čem z jeho úhlu pohledu spočívá připravenost na test podle bodu 3. Žadatel musí požadavek zdůvodnit podle bodu 4 a otázky podle bodu 5 upřesnit do maximální možné míry.
		Orgán FMA podle odstavce 2 informuje spolkového ministra financí o žádostech, které jsou úplné, s výjimkou stanoviska, které je třeba získat.
		Během účasti musí účastníci orgánu FMA na požádání poskytnout informace, předložit dokumenty a poskytnout přístup k informační a komunikační technologii (IKT), která tvoří základ obchodního modelu. Tato povinnost spolupráce existuje v případech, kdy je to nezbytné pro posouzení aktivity účastníka prováděné v rámci právních předpisů v oblasti dohledu a bez ohledu na jiné povinnosti vztahující se na účast na základě spolkových zákonů uvedených v čl. 2 odst. 1 až 4.
7.	Zdroje	
	Veškerá finanční pomoc poskytnutá FinTechovým společnostem	Ne
	Poplatky související s žádostí/účastí v sandboxu	Během procesu přijímání nevznikají žádné poplatky. Poplatky vznikají v případě vydávání správních rozhodnutí a zakládají se na standardních sazbách poplatků orgánu FMA, zejména za správní rozhodnutí o udělení licence.
		Poplatky podle čl. 19 odst. 10 za udělení licence, schválení, povolení nebo registrace podle odstavce 5 nese samotný subjekt. (Článek 10: Při povolování situací v souladu s položkami poplatků 44 a 45 a 50 až 59 nařízení o spolkových správních poplatcích z roku 1983 (BVwAbgV – Bundesverwaltungsabgabenverordnung), zveřejněného ve spolkové sbírce zákonů č. 24/1983, ve znění zveřejněném ve spolkové sbírce zákonů II č. 146/2000, se místo spolkových správních poplatků hradí orgánu FMA poplatky za povolení v souladu s nařízením o poplatcích (Gebührenverordnung), které vydá orgán FMA. To se vztahuje rovněž na úřední akty podle položek poplatků 1 až 5 za předpokladu, že tyto úřední akty spadají do působnosti orgánu FMA. Poplatky nesmějí překročit průměrné náklady vyplývající z povolení nebo jiných úředních aktů s přihlédnutím k podílu na fixních nákladech. Poplatky za povolení se přidělují v příslušné účetní skupině s cílem snížit náklady s přihlédnutím k dílčím účetním skupinám v příslušných ustanoveních o nákladech právních předpisů uvedených v článku 2; podrobnější pravidla pro jejich provádění se stanoví v nařízení, které má být vydáno podle odstavce 7.)
	Zdroje na straně regulačního orgánu	Vláda přiděluje účelově vázaný příspěvek ve výši 500 000 EUR za rozpočtový rok na financování sandboxu, který má orgán FMA použít na provozní náklady na sandbox. Přímo přiřaditelné výdaje na personál a materiál, které orgánu FMA vzniknou v rámci posouzení vhodnosti sandboxu
		podle odstavce 2, rozvoje cílů a parametrů testu podle odstavce 6 a zpráv spolkovému ministru financí podle odstavce 7, se hradí výhradně z tohoto příspěvku spolkové vlády. Náklady na sandbox se v tomto ohledu nepřidělují účetním skupinám podle čl. 19 odst. 1. Z této částky je vyloučen jakýkoli nepodstatný schodek ve výši maximálně 5 % za rozpočtový rok orgánu FMA z účelově vázané částky podle první věty. Takový nepodstatný schodek je třeba rozdělit do jednotlivých účetních skupin pomocí poměru podle čl. 19 odst. 2. Případný přebytek se přidělí do rezervy.
8.	Fáze testování v sandboxu (včetně specializovaného regulačního poradenství)	a) Přijetí, b) předběžná podpora, c) testování v sandboxu a d) fáze hodnocení. Během přijímací fáze žadatel předloží svou žádost, která je přezkoumána orgánem FMA a poradním orgánem pro regulatorní sandbox (Beirat). Během fáze předběžné podpory způsobilí účastníci úzce spolupracují s orgánem FMA, aby rozhodli o době trvání testu, o klíčových ukazatelích výkonnosti, které mají být sledovány, a projednali případná omezení/podmínky spojené s licencí. Kromě toho se během této fáze provádí licenční řízení s nelicencovanou nebo registrovanou FinTechovou společností. V případě zavedeného účastníka trhu může být eventuálně požadováno rozhodnutí o prodloužení stávající licence.
		Jakmile se účastník finančního trhu dostane do fáze testování v sandboxu, bude se na schůzkách vedení s orgánem FMA pravidelně jednat o parametrech a milnících testu, které byly odsouhlaseny během fáze předběžné podpory. Během závěrečného kroku vyhodnocení v procesu jsou vyhodnoceny výsledky testovací fáze, obchodní model opustí sandbox a je převeden do režimu pravidelného dohledu.
9.	Konec testů v sandboxu / Výstupní postup	Subjekt může o odchod ze sandboxu požádat kdykoli a poté je zahájena fáze hodnocení a ukončení sandboxu.

Č.	Oblast	
		Účast je omezena na dobu nejvýše dvou let v souladu s požadavky obchodního modelu sandboxu.
		Orgán FMA ukončí účast v sandboxu buď na žádost účastníka, nebo z vlastního podnětu, pokud podmínky pro účast přestanou existovat, pokud se dojde k závěru, že požadovaného účelu účasti v sandboxu nemusí být dosaženo, nebo po uplynutí dvou let.
10.	Pravidla dohledu nad subjekty, které vykonávají činnost v regulatorním sandboxu, včetně následujících pravidel:	Orgán FMA podá spolkovému ministru financí čtvrtletní písemnou zprávu o vývoji v sandboxu. Spolkový ministr financí tyto zprávy zpřístupní také poradnímu orgánu zřízenému podle odstavce 3. Orgán FMA kromě toho na žádost
		spolkového ministra financí poskytne informace o sandboxu a jeho účastnících s cílem umožnit hodnocení celkové vnitrostátní ekonomické perspektivy nebo regionální perspektivy obchodních modelů sandboxu podle odstavce 3.
11.	Další aspekty související s podnikáním, které jsou užitečné a přiměřené pro řádnou implementaci regulatorního sandboxu, včetně:	
	otázek souvisejících s právní formou subjektu, vlastníků	Článek 23a zákona FMABG neuvádí požadovanou právní formu subjektu.
	doby dosud provedených operací	V rámci sandboxu neexistuje žádná zvláštní regulace.
	účasti v systému kompenzací	V rámci sandboxu neexistuje žádná zvláštní regulace.
	ochrany duševního vlastnictví	V rámci sandboxu neexistuje žádná zvláštní regulace.
	požadavků týkajících se souladu s požadavky v oblasti AML	V rámci sandboxu neexistuje žádná zvláštní regulace.
	ochrany spotřebitele	V rámci sandboxu neexistuje žádná zvláštní regulace.
12.	Podpořila zavedená řešení rozvoj FinTechového odvětví, včetně následujících aspektů?	
	Kolik společností se zúčastnilo? Jaká byla míra schválení?	Do regulatorního sandboxu orgánu FMA bylo doposud přijato osm FinTechových společností. Pět z těchto poskytovatelů usiluje o povolení stát se evropským poskytovatelem služeb skupinového financování v souladu s nařízením EU o skupinovém financování. Další tři mají v úmyslu provádět inovativní finanční služby v souvislosti s kryptoaktivy a finančními nástroji takovým způsobem, který vyžaduje licenci podle zákona o dohledu nad cennými papíry z roku 2018 nebo rakouského zákona o bankovnictví.[1] K dnešnímu dni nejsou k dispozici žádné informace o počtu odmítnutých žadatelů.
	Byly inovativní subjekty motivovány k účasti v regulatorním sandboxu?	Sandbox orgánu FMA jasně informuje o svém designu, aby přilákal žadatele a stanovil realistická očekávání ohledně svého fungování.
	Byla za využití služeb účastníků regulatorního sandboxu zajištěna bezpečnost subjektů?	Služby, které vyžadují licenci, by nikdy neměly být povolovány bez licence. Sandbox na rakouském finančním trhu udržuje standardní úroveň ochrany spotřebitele.

Poznámka:

1. Regulatorní sandbox orgánu FMA přináší pozitivní výsledky: osm FinTechových společností je již na cestě k regulační tržní zralosti, jedna již získala licenci https://www.fma.gv.at/en/fmas-regulatory-sandbox-presents-positive-results-eight-fintechs-already-on-their-way-to-regulatory-market-maturity-one-has-already-obtained-a-licence/

Zdroj: orgán FMA, průzkum OECD.

Tabulka A D.2. Slovenský sandbox

Č.	Oblast	
1.	Instituce podílející se na výběru účastníků a provozu sandboxu	Národní banka Slovenska (NBS)
2.	Uplatňování zavedených provozních zásad subjektem v rámci regulatorního sandboxu, včetně těchto požadavků:	Legislativní požadavky vztahující se na subjekt na základě stávajících předpisů po celou dobu účasti v sandboxu.
	pravidel výkonu obchodní činnosti	Pro sandbox nejsou k dispozici žádná zvláštní pravidla výkonu obchodní činnosti. Společnosti musí dodržovat stávající slovenské předpisy, které se zakládají na evropské legislativě.
	technických a provozních požadavků	Podle provozních pravidel regulatorního sandboxu[1] se za finanční inovaci považuje finanční produkt, služba nebo obchodní model, které díky inovativní aplikaci technologií mohou výrazně ovlivnit fungování slovenského finančního trhu.
	potenciálních kapitálových požadavků	Sandbox pro vstup do testovací fáze vyžaduje, aby účastníci měli licenci. Sandbox neupouští od zavedených kapitálových požadavků souvisejících s licenčním řízením ani je nemění.
3.	Harmonogram fází sandboxu	Žádost Posouzení – až dva měsíce Příprava – šest měsíců s možností prodloužení Testování – šest měsíců s možností prodloužení Odchod – jeden měsíc
4.	Publicita související s účastí v sandboxu	Do tří pracovních dnů po zahájení testovací fáze Národní banka Slovenska zveřejní na svých internetových stránkách: obchodní název účastníka (pokud je účastník poskytovatelem služeb, pak také obchodní název dohlíženého subjektu s jeho souhlasem s účastí v sandboxu), datum vstupu účastníka do regulatorního sandboxu, stručný popis testované finanční inovace. Tyto informace zůstávají veřejné i po ukončení testování. Při odchodu je stanoveno, že testovací období skončilo.
5.	Postup podávání žádostí	
	Fáze podávání žádostí	Sandbox není provozován na základě kohort, zájemci se mohou přihlásit kdykoli. Postup podávání žádostí[2]: • Žadatel doručí žádost Národní bance Slovenska (v tištěné nebo elektronické podobě). • NBS přijetí potvrdí a posoudí formální a obsahové požadavky. NBS může žadatele vyzvat, aby odstranil nedostatky nebo žádost doplnil v přiměřené lhůtě. • NBS naplánuje se žadatelem schůzku, aby zjistila podrobnější informace o něm a plánovaném testování. NBS oznámí žadateli **do dvou měsíců** ode dne doručení úplné žádosti, zda mu umožní vstoupit do regulatorního sandboxu; tato lhůta se nevztahuje na subjekt, který má zájem o přeshraniční testování. Pokud NBS žadateli oznámí, že mu vstup do regulatorního sandboxu neumožňuje, může žadatel podat další žádost nejdříve **šest měsíců** od data doručení tohoto oznámení.
	Kritéria způsobilosti	Účastníkem regulatorního sandboxu může být:[3] • dohlížený subjekt (subjekt s dohledem ze strany NBS podle právních předpisů[4]), • zahraniční dohlížený subjekt (subjekt s dohledem ze strany zahraničního orgánu dohledu nad finančním trhem v jiném členském státě Evropské unie), • žadatel o povolení (žadatelem o povolení je fyzická nebo právnická osoba, která žádá o povolení nebo jiné oprávnění k výkonu činností nebo o registraci podle právních předpisů[5]), • poskytovatel služeb (poskytovatelem služeb je třetí osoba, která na základě smlouvy o outsourcingu uzavřené s dohlíženým subjektem uplatňuje postup, poskytuje službu nebo vykonává činnost nebo její část, pro kterou má dohlížený • subjekt povolení podle právních předpisů[5]), • budoucí dohlížený subjekt (budoucí dohlížený subjekt je subjekt vykonávající činnosti, které budou podléhat právním předpisům v působnosti NBS, které byly zveřejněny ve Sbírce zákonů Slovenské republiky nebo v Úředním věstníku Evropské unie, ale dosud nevstoupily v platnost nebo dosud nejsou použitelné). **Další hodnotící kritéria[6]** • žadatel má dobrou pověst,

Č.	Oblast	
		• předmětem konzultací je uplatňování právních předpisů v působnosti NBS[7], • žadatel může prokázat svou připravenost k účasti v regulatorním sandboxu a připravenost finančních inovací pro testování, • existuje potřeba testování, • subjekt je inovativní, • subjekt má pozitivní dopady na klienty na slovenském finančním trhu a nevykazuje významné negativní dopady na finanční stabilitu ve Slovenské republice. NBS posuzuje splnění všech těchto kritérií v souladu s metodikou pro posuzování kritérií pro vstup do regulatorního sandboxu.
	Dokumenty k žádosti	K formuláři žádosti, který je k dispozici v příloze 1 provozních pravidel regulatorního sandboxu, musí žadatel přiložit podrobný soubor informací a dokumentů. Žádost se skládá z těchto částí: • informace o žadateli, • informace o finanční inovaci, • přípravná fáze a testování, • čestné prohlášení, • souhlas se zpracováním osobních údajů, • seznámení se s provozními pravidly regulatorního sandboxu, která jsou platná od 1. ledna 2022.
	Podrobnosti postupu přijímání	NBS si uvědomuje možné limity své kapacity. Pokud je více žadatelů, kteří splňují podmínky pro účast, a kapacita sandboxu je na hranici svých možností, může NBS vstup nového účastníka odpovídajícím způsobem odložit.[8] Po obdržení a vyhodnocení žádosti se úspěšný žadatel stane účastníkem **přípravné fáze**[9], která se skládá z konzultací, jejichž cílem je: umožnit účastníkovi vést konzultace s NBS, což by mu mělo pomoci upravit finanční inovaci tak, aby byla v souladu s právními předpisy v pravomoci NBS, určit směr testovací fáze v podobě plánu testování. Po konzultacích v přípravné fázi NBS požádá účastníka o předložení návrhu plánu testování ve stanovené lhůtě.[10] Přípravná fáze trvá nejvýše šest měsíců. Na žádost účastníka ji NBS může odpovídajícím způsobem prodloužit.
6.	Povolovací proces, včetně následujících podmínek:	
	Seznam dokumentů a informací nutných pro žádost o licenci, podmínky obsažené v licenci	Seznam dokumentů se značně liší v závislosti na poskytované službě, jelikož NBS vydává řadu licencí.
	Zamítnutí a odnětí licencí subjektům působícím v rámci regulatorního sandboxu (země mimo EU – pokud je nad podnikatelskou činností vykonáván dohled v oblasti působnosti práva EU i práva země mimo EU)	Klíčovou vlastností sandboxu je to, že pokud je účastník žadatelem o povolení, musí získat příslušné povolení během přípravné fáze. Účastník může finanční inovaci testovat v regulatorním sandboxu pouze po získání příslušného povolení.[11] Pokud je účastník žadatelem o povolení, probíhá licenční řízení nezávisle na přípravné fázi regulatorního sandboxu. Pokud účastník nezíská příslušné povolení do doby podání návrhu plánu testování, musí být v plánu testování uvedeno, že testování může začít pouze po udělení povolení. Ukončení účasti v sandboxu není přímo spojené s licencí subjektu.
7.	Zdroje	
	Finanční pomoc poskytnutá FinTechovým společnostem	Není poskytnuta
	Poplatky související s žádostí/účastí v sandboxu	S účastí v sandboxu není spojen žádný poplatek. Subjekt však musí mít licenci, aby mohl vstoupit do testovací fáze, což s sebou vzhledem k potřebným právnickým znalostem nese značné náklady.
	Zdroje na straně regulačního orgánu	Úředníci, kteří by se věnovali pouze provozu sandboxu, nejsou k dispozici. Provoz sandboxu je součástí jejich agendy a úředníci se zapojují v závislosti na potřebných odborných znalostech. Radu sandboxu tvoří ředitelé příslušných útvarů NBS.
8.	Datové soubory a datová infrastruktura pro účastníky	Sandbox v současné době neposkytuje funkce dat. Při konzultaci před zřízením sandboxu se uvažovalo o testování inovací souvisejících s daty ve virtuálním sandboxu[12], ale respondenti po této možnosti nevyjádřili silnou poptávku[13].
9.	Fáze testování v sandboxu (včetně specializovaného regulačního poradenství)	Testování se vztahuje na implementaci finanční inovace na slovenském finančním trhu v souladu s plánem testování.[14] Cílem testovací fáze je implementace testované finanční inovace na slovenském finančním trhu v souladu s plánem testování.[15] Testování finanční inovace nemá vliv na povinnosti, které účastníkovi ukládají právní předpisy. **Postup testování:**

Č.	Oblast	
		• Plán testování stanoví období testování, které nepřesáhne šest měsíců. • Účastník předem informuje NBS o záměru pozastavit nebo předčasně ukončit testování z vlastního podnětu. • Komunikace mezi účastníkem a NBS: • Účastník neustále informuje NBS o průběhu testování v souladu s plánem testování. • Bez ohledu na plán testování účastník neprodleně informuje NBS o závažných potížích, neočekávaných situacích nebo jiných skutečnostech, které by na postup testování mohly mít významný dopad. NBS může vyzvat účastníka k nápravě problému ve stanovené lhůtě. Pokud účastník problém ve stanovené lhůtě nenapraví, NBS jeho účast v regulatorním sandboxu předčasně ukončí. • NBS může účastníka kdykoli požádat o dodatečné informace o průběhu testování. • Na žádost účastníka mu může NBS poskytnout konzultace během fáze testování. • Dodržování plánu testování: • Pokud účastník plán testování nedodrží, požádá ho NBS o vysvětlení ve stanovené lhůtě a zároveň ho informuje o tom, že jeho účast v regulatorním sandboxu může předčasně ukončit. • Pokud účastník vysvětlení neposkytne a problém ve stanovené lhůtě nenapraví, NBS jeho účast v regulatorním sandboxu předčasně ukončí. **Změny plánu testování:** • Účastník může NBS požádat o změnu plánu testování. • Dokud NBS změnu plánu testování neschválí, postupuje účastník podle původně schváleného plánu testování. • NBS může účastníkovi zaslat připomínky týkající se žádosti o změnu plánu testování a stanovit lhůtu pro začlenění připomínek. • Pokud účastník připomínky NBS ve stanovené lhůtě nezačlení nebo pokud NBS se změnou plánu testování nesouhlasí, informuje NBS účastníka o tom, že jeho žádost nebyla schválena a že pokud má stále zájem o pokračování testu, musí dodržet schválený plán testování. • Pokud NBS změnu schválí, neprodleně o tom informuje účastníka. **Prodloužení testovacího období:** V odůvodněných případech může účastník NBS požádat o prodloužení testovacího období o nejvýše **šest měsíců**.
10.	Konec testů v sandboxu / Výstupní postup	**Plánované ukončení:** Závěrečná zpráva[16]: Během **jednoho měsíce** po ukončení testování účastník dodá NBS závěrečnou zprávu, ve které zejména uvede: • shrnutí testování, • vyhodnocení toho, zda bylo dosaženo očekávaných výsledků testu, • problémy a neočekávané situace, ke kterým během testování došlo, • zda má účastník v úmyslu nabízet finanční inovaci klientům i po ukončení své účasti v regulatorním sandboxu. **Závěrečná schůzka[16]:** • Do jednoho měsíce od doručení závěrečné zprávy zorganizuje NBS závěrečnou schůzku s účastníkem, kde se projedná závěrečná zpráva a průběh účasti účastníka v regulatorním sandboxu. • NBS může závěrečnou schůzku nahradit písemným stanoviskem k závěrečné zprávě. • Účast v regulatorním sandboxu je ukončena ke dni závěrečné schůzky nebo v den doručení písemného stanoviska NBS k závěrečné zprávě. **Předčasné ukončení[18]:** NBS může předčasně ukončit účast účastníka v regulatorním sandboxu v případě, že účastník: • nedodržuje pokyny NBS, • nenapraví zjištěné nedostatky ani po žádosti NBS. Účastník regulatorního sandboxu je povinen oznámit svým klientům, že jeho účast v regulatorním sandboxu končí a že na poskytování produktu/služby se již nebudou vztahovat dříve oznámená omezení.
11.	Pravidla dohledu nad subjekty, které vykonávají činnost v regulatorním sandboxu, včetně možné inspekce	Sandbox nestanoví výjimku ani změny z obecných kontrolních pravomocí. NBS ve svém konzultačním materiálu předpokládajícím možné fungování slovenského sandboxu před jeho zřízením psala o nutnosti proporcionálního přístupu k sankcím pro účastníky regulatorního sandboxu. Poznamenala, že vzhledem k úzké spolupráci subjektu s NBS není pravděpodobné, že by účastník, který se řídí všemi pokyny NBS, porušil právní předpisy, a proto by ze strany

Č.	Oblast	
		NBS neměl čelit žádným sankcím. Uvedla však, že pokud se účastník regulatorního sandboxu přesto dopustí sankcionovatelného jednání, NBS úměrně uplatní příslušné sankce v mezích právních předpisů. V případě, že to právní předpisy umožňují, může NBS zpočátku od uložení sankce upustit a dát účastníkovi příležitost k nápravě nedostatku.[19] Po zřízení sandboxu NBS toto téma nepřehodnotila a také nedošlo k porušení pravidel účastníky, aby bylo možné zkoumat případovou studii reakce.
12.	Další aspekty související s podnikáním, které jsou užitečné a přiměřené pro řádnou implementaci regulatorního sandboxu, včetně:	
	otázek souvisejících s právní formou subjektu, vlastníků	Žadatelé mohou být právnickými osobami. Pravidla uvádějí, že žádost mohou podat jednotlivci. Testovací fáze se však může účastnit pouze licencovaná společnost.
	doby dosud provedených operací	Neexistuje žádný specifický požadavek.
	účasti v systému kompenzací	Tato možnost se nepoužije.
	ochrany duševního vlastnictví	Sandbox účastníkům ve vztahu k jiným subjektům neposkytuje žádnou odlišnou ochranu duševního vlastnictví.
	požadavků týkajících se souladu s požadavky v oblasti AML	Sandbox neupouští od obecných požadavků ani je nemění.
	ochrany spotřebitele	Sandbox neupouští od obecných požadavků ani je nemění.
13.	Podpořila zavedená řešení rozvoj FinTechového odvětví, včetně následujících aspektů?	
	Kolik společností se zúčastnilo? Jaká byla míra schválení?	K dispozici zatím nejsou informace o žádné společnosti, která by zahájila testovací fázi.
	Byly inovativní subjekty motivovány k účasti v regulatorním sandboxu?	NBS má díky svým činnostem v Inovačním centru síť kontaktů na příslušné zainteresované strany. NBS rozšířila novinky o sandboxu mezi slovenskou veřejnost, která také měla možnost přispět ke konzultaci návrhu sandboxu před jeho zřízením. V testovací fázi se zatím nenachází žádný účastník a sandbox má dosud jednoho účastníka, o zamítnutých žadatelích nejsou k dispozici žádné informace.
	Byla za využití služeb účastníků regulatorního sandboxu zajištěna bezpečnost subjektů?	Vzhledem k tomu, že u obecné regulace není možná žádná výjimka ani změna, nevyplývá z toho žádné riziko. Bezpečnost je posílena intenzivní výměnou znalostí mezi NBS a subjektem využívajícím sandbox, což NBS umožňuje identifikovat možná rizika vyplývající z inovativního modelu. Regulační orgán a účastník udržují v průběhu celého procesu úzký dialog, který zajišťuje důkladnou výměnu znalostí mezi oběma stranami, pokud jde o regulační proces a činnost účastníka.

Poznámky:

1. Provozní pravidla regulatorního sandboxu, čl. 3 písm. e);
2. provozní pravidla regulatorního sandboxu, kapitola V;
3. provozní pravidla regulatorního sandboxu, kapitola II, článek 4;
4. např. zákon č. 747/2004 Z. z., ve znění pozdějších předpisů;
5. např. zákon č. 310/1992 Z. z. o stavebním spoření, ve znění pozdějších předpisů, zákon č. 483/2001 Z. z. o bankách a změně a doplnění některých zákonů, ve znění pozdějších předpisů, zákon č. 566/2001 Z. z. o cenných papírech a investičních službách (zákon o cenných papírech) a o změně a doplnění některých zákonů, ve znění pozdějších předpisů, zákon č. 43/2004 Z. z. o starobním důchodovém spoření a o změně a doplnění některých zákonů, ve znění pozdějších předpisů, zákon č. 650/2004 Z. z. o doplňkovém důchodovém spoření a o změně některých zákonů, zákon č. 747/2004 Z. z., ve znění pozdějších předpisů;
6. provozní pravidla regulatorního sandboxu, kapitoly III a IV;
7. konzultace poskytují nezávazné stanovisko NBS objasňující uplatňování legislativy v kompetenci NBS, která se vztahuje na účastníka a jeho testované aktivity;
8. provozní pravidla regulatorního sandboxu, kapitola II, článek 8;
9. provozní pravidla regulatorního sandboxu, kapitola VI;
10. konkrétní části plánu testování jsou upřesněny provozními pravidly regulatorního sandboxu, kapitola VI, článek 21;
11. konkrétní části plánu testování jsou upřesněny provozními pravidly regulatorního sandboxu, kapitola VI, články 24–26;
12. konzultační dokument k regulatornímu sandboxu, kapitola 1.5, jiné typy sandboxů;
13. Vyhodnotenie konzultácie k regulačnému sandboxu, strana 7;
14. provozní pravidla, čl. 3 písm. f);
15. provozní pravidla, kapitola VII;
16. provozní pravidla, kapitola VIII, článek 38;
17. provozní pravidla, kapitola VIII, článek 39;
18. provozní pravidla, kapitola VIII, články 41–43;
19. regulatorní sandbox | konzultační dokument | červen 2020, strana 14.

Zdroj: NBS, průzkum OECD.

Tabulka A D.3. Sandbox Spojeného království

Č.	Oblast	
1.	Instituce podílející se na výběru účastníků a provozu sandboxu	Orgán dohledu nad finančními trhy (Financial Conduct Authority, FCA)
2.	Uplatňování zavedených provozních zásad subjektem v rámci regulatorního sandboxu, včetně těchto požadavků:	
	pravidel výkonu obchodní činnosti	Pokyny pro výkon činnosti v regulatorním sandboxu FCA mají zajistit, aby se podniky, které se sandboxu účastní, chovaly spravedlivě, otevřeně a organizovaně. Cílem těchto pokynů je chránit spotřebitele před újmou a podporovat hospodářskou soutěž na trhu. Orgán FCA prostřednictvím Příručky pravidel a pokynů vypracovává pokyny pro obchodní chování společností, které se účastní regulatorního sandboxu. Příručka stanoví požadavky orgánu FCA na společnosti, aby dodržovaly tyto předpisy, a společnostem poskytuje informace o tom, jak mají podnikat. V závislosti na povaze podnikání mohou specifické normy, které musí organizace dodržovat, zahrnovat normy týkající se férovosti, zveřejňování a transparentnosti vůči zákazníkům.
		Očekává se, že společnosti budou mít zavedeny dostatečné systémy a kontroly, aby v regulatorním sandboxu FCA zajistily dodržování obchodních předpisů a aby o nich byly schopny orgánu FCA na požádání poskytnout důkaz. Kromě toho musí mít společnosti zaveden postup pro vyřizování stížností a veškeré významné stížnosti předkládat orgánu FCA. Navíc může orgán FCA nařídit, aby se společnosti podrobovaly běžným kontrolním návštěvám a předkládaly pravidelné zprávy o svých obchodních činnostech. V zájmu ochrany spotřebitelů a podpory hospodářské soutěže může orgán FCA podle svého uvážení společnostem, které se na sandboxu podílejí, rovněž uložit dodatečná kritéria pro výkon činnosti.
	technických a provozních požadavků	Orgán FCA provozní požadavky neustále aktualizuje a od společností se očekává, že vždy budou dodržovat nejnovější pokyny a pravidla.
	potenciálních kapitálových požadavků	Před podáním žádosti o účast v sandboxu nebo o povolení není třeba kapitalizovat. Společnosti však musí tým orgánu FCA pro povolení přesvědčit o tom, že mohou získat dostatečné finanční prostředky, a společnost budou muset kapitalizovat předtím, než konečné povolení bude moci být uděleno. Požadovaná kapitalizace se bude lišit v závislosti na aktuálním obchodním modelu. Společnosti mohou chtít zahájit proces získání podnikatelského bankovního účtu s dostatečným předstihem před žádostí o povolení (strana 11).
3.	Harmonogram fází sandboxu	Sandbox se obvykle skládá z několika fází, včetně fáze před podáním žádosti, fáze podávání žádosti a testovací fáze, během níž orgán FCA se zúčastněnými společnostmi úzce spolupracuje, aby zajistil dodržování regulačních požadavků a zmírnil potenciální rizika pro spotřebitele. Orgán FCA na své webové stránce také zveřejnil pokyny ohledně toho, jak si požádat o účast v sandboxu a co během testovací fáze očekávat. Specifika fází sandboxu se v průběhu času mění, jelikož orgán FCA na základě zpětné vazby a získaných poznatků program neustále upravuje a vylepšuje.
4.	Publicita související s účastí v sandboxu	Např.: *Co a kdy se s ohledem na účastníky sandboxu zveřejňuje? Jsou k dispozici pravidelné zprávy nebo tiskové zprávy ad hoc?*
		Existuje nějaký limit pro využití účasti jako PR?
5.	Postup podávání žádostí	https://www.fca.org.uk/publication/fca/fca-regulatory-sandbox-guide.pdf
	Fáze podávání žádostí	s. 6, https://www.fca.org.uk/publication/fca/fca-regulatory-sandbox-guide.pdf
	Kritéria způsobilosti	V **oblasti působnosti** – inovace zamýšlená pro trh Spojeného království; příslušná činnost je regulována.
		Skutečná inovace – ze sekundárního výzkumu nevyplývají žádné srovnatelné příklady; inovace je jasným krokem ke změně.
		Přínos pro spotřebitele – inovace je pravděpodobně přínosem pro spotřebitele; možná rizika byla posouzena, inovace usnadní vstup na trh nebo soulad s pravidly orgánu FCA.
		Připravenost – plán testování je řádně vypracován.
		Potřeba podpory inovace – existuje skutečná potřeba otestovat inovaci v sandboxu (inovace nespadá do regulačního rámce nebo by byl úplný proces příliš nákladný).
		https://www.fca.org.uk/publication/fca/fca-regulatory-sandbox-eligibility-criteria.pdf
	Dokumenty k žádosti	https://www.fca.org.uk/publication/fca/regulatory-sandbox-application-form-guidance.pdf
		Posouzení procesu:
		K přesnému posouzení toho, které návrhy mají být podpořeny, bylo důležité mít k dispozici externí skupinu odborníků z odvětví, kteří poskytli své stanovisko k tomu, co bylo skutečně inovativní a komerčně životaschopné.

Č.	Oblast	
		Funkce platformy pro portál online podávání žádostí fungovaly dobře a ve srovnání s předchozími systémy pro podávání žádostí využívanými u inovačních služeb FCA umožnily zvýšení efektivity.
		Proces podávání žádostí nepodléhal stejné úrovni kontroly a přísnosti jako žádosti v rámci regulatorního sandboxu. To je vhodné na základě toho, že účastníci digitálního sandboxu vzhledem k prováděným testům představují významně nižší riziko újmy. Zdroj: strana 25 https://www.fca.org.uk/publication/corporate/digital-sandbox-joint-report.pdf
6.	Zdroje	
	Finanční pomoc poskytnutá FinTechovým společnostem	
	Poplatky související s žádostí/účastí v sandboxu	Za žádost o účast v sandboxu, přijetí do sandboxu nebo za kterékoli ze služeb projektu Innovate se nehradí žádné poplatky. Společnosti, které potřebují povolení nebo registraci, včetně provedení svého testu v sandboxu, budou muset zaplatit standardní poplatek za povolení nebo registraci. Další informace o poplatcích jsou k dispozici na jejich webové stránce. Poplatky za úplné povolení jsou stejné jako poplatky za omezené povolení (strana 11 https://www.fca.org.uk/publication/fca/fca-regulatory-sandbox-guide.pdf).
	Zdroje na straně regulačního orgánu	
7.	Datové soubory a datová infrastruktura pro účastníky	
		Přístup k syntetickým datům byl většinou účastníků označen za zdaleka nejdůležitější funkci (92 % označilo data nebo Jupyter za možnost s nejvyšším očekávaným využitím). Průměrné hodnocení užitečnosti dat však bylo 5/10 (to mimo syntetická data zahrnuje i jiné soubory dat).
		U většiny týmů data nesplnila jejich potřeby v plné míře. Jak bylo uvedeno v doporučeních pro případy použití, samotný rozsah požadovaných údajů ve třech různých oblastech znamenal, že došlo ke kompromisu mezi objemem a kvalitou.
		Je důležité si uvědomit, že syntetická data jsou vznikajícím a velmi komplexním oborem. I přes špičkové odborné znalosti, které poskytl Turingův institut, nebyla pracovní skupina schopna vytvořit požadované množství v tolika datových souborech.
		Zpětná vazba také naznačila, že na začátku pilotního projektu je nutné lépe dokumentovat data, aby se předešlo tomu, že bude třeba vynaložit zdroje na zodpovězení otázek účastníků týkajících se dat. Tato dokumentace by měla:
		• přesně popsat, jak byla syntetická data modelována, např. jaké typologie existují, v čem reprezentují skutečná data. • poskytnout informace o tom, které datové soubory jsou mezi sebou propojeny. • být zveřejněna před podáním žádostí týmů. Týmy měly při sepisování žádosti o účast v pilotním projektu nejasná očekávání týkající se dat, což přispělo k nesouladu očekávání a k tomu, že týmy musely změnit řešení.
		Mnoho týmů by upřednostnilo plný přístup k datům mimo platformu, například prostřednictvím kontejnerů S3. Integrované vývojové prostředí pro týmy stanovilo určitý omezený počet hovorů na den a týmy nemohly data přijímat na vlastní platformě. Tento přístup by také snížil náklady na computing, tj. cloud kredity, které musí pracovní skupina poskytnout.
		Oddělení datových prostředků za integrovaným vývojovým prostředím však umožnilo sledovat využití, zabránilo úniku dat a zajistilo trvalé zapojení do pilotního projektu. To přispělo k rozvoji podpůrného prostředí pro účastníky.
		Zpětná vazba od účastníků a pozorovatelů (zejména finančních institucí jako potenciálních zákazníků řešení) naznačila, že syntetická data mohou umožnit validaci produktu pouze tehdy, pokud jsou syntetické datové prostředky obecně chápány a uznávány odvětvím – jinak jsou více omezena na roli v ověřování konceptu a vývoji produktu. Účastníci z odvětví nemohou vyhodnotit účinnost potenciálních řešení, pokud vstupním informacím nerozumí na technické úrovni. Zdroj: https://www.fca.org.uk/publication/corporate/digital-sandbox-joint-report.pdf

Zdroj: orgán FCA, průzkum OECD.

www.ingramcontent.com/pod-product-compliance
Ingram Content Group UK Ltd.
Pitfield, Milton Keynes, MK11 3LW, UK
UKHW051644031026
15588UKWH00007B/1311